Hofra Jischwi Merab
Abdon Ebed-Melech Zippor Eschkol
Usa Abiram Batseba Kephas Achan E
Omri Lazarus Nadab Sanballat Hamor Malluch Magog
Elimelech Hoschea Michal Zalmunna Noomi Ahinoam
Kedor-Laomer Ahitub Joahas Ahija Mescha Hananias
Silas Elisa Abinadab Zebedäus Peleg Noah Zefanja Elifas
Eglon Sara Malkija Abigajil Schafan Oreb Perez
Lea Abischai Abija Bileam Daniel Barnabas Eljakim Elkana Michael Doëg
Massa Mijamin Nabot Tola Korach Zedekia Hodija Pilatus Abischag Bartholomäus
Zur Hiob Abram Jojada Rutus Schimi Paschhur Zelofhad
Jona Sichem Jesaja Pilatus Rahab Immanuel
Mirjam Silpa Schemaja Isaak Elisa
Hagar Ahasveros Manasse Meriba Onesiphorus Mordechai Gideon
Schebanja Agag Moab Amazja Og Naama Jesaja Achsa
Baal Sabdi Sarezer Johannes Jaïr Zippora Seeb
Jabin Judas Aaron Rufus Jesus Rahel Habakuk Uz Ahab
Balak Zofar Jonatan Gabriel Amrafel Jetur Arjoch Abner Andreas
Elia Jeftah Itamar Naama Oded Mose Jeremia Abimelech Gedalja Achisch
Serubbabel Jojakim Aquila Erastus David Ikabod Matthäus
Obadja Mattanja Nikodemus Eschbaal Almosat Habakuk Lo-Ruhama Simon Haggai
Haman Nebo Nimrod Kiljon Felix Mattenai Tachpenes Schebna Medad Etan Zadok
Sihon Baruch Rehabeam Abraham Paulus Reaja Berenike Josua Ahikam
Hilkija Markus Jerobeam Salomo Priska Ketura Lukas Hananja Bilha
Eliëser Pedazur Nehemia Asaël Jojachin Elon Jotam
Saraj Stephanus Sebach Saul Samuel Palti Adoniram Bunni Bildad Jechonja
Adam Benaja Asaf Debora Petrus Josef Micha Nabal
Arauna Ehud Sisera Hanna Abjatar Ruben Isai Eleasar Rebekka Obed
Schammua Tamar Maleachi Nathan Ismael Abihu Machla
Hadoram Joab Gad Sem
Barak Naaman Machlon Timotheus Sanheribs
Moloch Jerubbaal Schallum Kehat Mattitja Thomas Ramses Necho Titus
Pedaja Simson Jeschua Mattan Goliat
Hosea Gehasi Jedutun Darius Schealtiël Melchisedek
Elihu Heman Barsillai Elischa Boas Amalek Abel
Kain Kornelius Isebel Amram Nahor Gomer
Bani Dan Joel Milka Amasa Gog
Delila Onan Waschti Absalom Dina Datan

Inhalt

Neues Testament

Ihr sucht in der Bibel nach wahrem, ewigem Leben.
Und tatsächlich: Sie redet von mir (Jesus Christus).
nach Joh 5,39–40

Einleitung

Hallo, Schalom, herzlich willkommen in der Welt der Bibel!

Sie ist das wichtigste Buch, das es gibt. Vielleicht denkst du: Die Bibel, das ist nicht meine Welt. Da lese ich erst drin, wenn ich nichts anderes mehr zu tun habe. Wir wollen dir mit diesem Buch einen ganz anderen Blick auf die Bibel ermöglichen, aus der Vogelperspektive sozusagen – damit du leichter entscheiden kannst, wo du einsteigen willst. Es lohnt sich, mit dem Lesen der Bibel Neuland zu betreten. Und dabei wollen dir die Bibelclouds helfen.

Wenn man anfängt die Bibel zu lesen, einfach vorne, wie man das üblicherweise bei einem Buch macht, merkt man schnell: Die Bibel ist auch ein altes, altehrwürdiges Buch, das vieles enthält, das man nicht beim ersten Lesen versteht. Wenn man genau hinsieht, sind es sogar viele Bücher, 66 genau genommen, die in einem Zeitraum von mindestens 1000 Jahren entstanden sind, oft von mehreren Autoren gleichzeitig, die gar nicht immer namentlich bekannt sind. Wie soll man da den Einstieg finden oder gar den Überblick bekommen?

Hier kommt der Computer ins Spiel, der im Gegensatz zu uns kein Problem damit hat, große Textmengen zu verarbeiten. Die Bibelclouds, die wir zu jedem Buch der Bibel gestaltet haben, zeigen schön, wo in einem Buch die Schwerpunkte liegen. Wir Autoren haben zu jedem Buch der Bibel eine kurze Einführung geschrieben, die zeigt, warum es sich lohnt, gerade dieses Buch zu lesen. Dann gibt es Lesetipps, die du einfach mal ausprobieren kannst. Das sind meist gut verständliche, auf jeden Fall besonders interessante Texte der Bibel, die dir einen guten ersten Eindruck geben. Außerdem findest du besonders schöne Bibelworte zitiert als „gute Worte". Sie eignen sich auch als Konfirmationsspruch oder dafür, sie groß geschrieben über deinen Schreibtisch zu hängen, um sie nicht zu vergessen. Und dann haben wir Jugendliche gebeten, ihre persönliche Leseerfahrung als O-Ton aufzuschreiben. Manche haben uns sogar erlaubt, ein Bild von ihnen abzudrucken. Für Texte und Bilder ein dickes Dankeschön!

Wo soll ich anfangen?, fragst du jetzt vielleicht. Wir empfehlen dir, einfach mal zu blättern und zu schauen, wo du hängen bleibst. Vielleicht ist es ein Begriff wie Liebe, Wahrheit, Barmherzigkeit. Oder eine Person wie Abraham, Maria oder Paulus. Oder dich interessiert, warum so viel geopfert, gesprochen oder geführt wird in der Bibel. Lass dich einfach inspirieren von den schönen Wortwolken und dann schau vor allem selbst in die Bibel hinein und lies. Ein Kapitel, vielleicht auch einmal zwei, dann auch einmal ein ganzes Buch. Und wenn du sogar die ganze Bibel schaffen willst, ist das gar nicht so schwer: Du musst nur ein Jahr lang jeden Tag gut drei Kapitel der Bibel lesen, das dauert ungefähr 20 Minuten. Einen guten Plan dafür findest du übrigens unter www.die-jahresbibel.de.

Du wirst sicher schnell merken: Die Bibel ist ein echtes Lebens-Buch. Sie steckt voller Geschichten, die das Leben schreibt. Sie kann uns helfen, das Leben zu bewältigen. Sie handelt nämlich von Gott, der uns geschaffen hat und unendlich liebt, der unser Leben lenkt und will, dass es einen Sinn hat. Die Bibel gibt uns aber auch Tipps für ein gutes Zusammenleben, Gebote, die uns sagen, was richtig und falsch ist. Und die Bibel berichtet von Jesus, dem Sohn Gottes, dem wichtigsten Menschen, der je gelebt hat. Er hat durch sein Leben, durch seinen Tod und seine Auferstehung dafür gesorgt, dass wir ein gutes Verhältnis zu Gott haben können. Der Glaube an ihn und seinen himmlischen Vater hat Menschen über viele Jahrhunderte Kraft gegeben, ihr Leben zu leben und in schwierigen Zeiten nicht den Mut zu verlieren.

Wenn du noch mehr über die Entstehung der Bibelclouds erfahren willst, musst du hinten nachschauen. Mit solchen eher technischen Dingen wollten wir dich hier nicht gleich belästigen. Auf jeden Fall wünschen wir dir viele spannende Entdeckungen in diesem Buch und vor allem natürlich im Buch der Bücher, der Bibel. Lies sie selbst, es lohnt sich!

THOMAS EBINGER UND MARTIN WOLTERS

Fünf Bücher Mose

Geschichtsbücher

Beispiel: Das
Buch Esra

Lehrbücher
und Psalmen

Prophetenbücher

Altes Testament

Evangelien

Apostelgeschichte

Briefe

Prophetisches
Buch

Neues Testament

Die Bibel im Gesamtüberblick

Hier siehst du die 300 häufigsten Wörter der Bibel, wenn man alle 66 Bücher zusammennimmt. Gott ist deutlich zu erkennen und auch sprechen, sollen und kommen. Aber müsste das Wort Jesus nicht viel größer sein? Schließlich ist er eine der Hauptpersonen, sozusagen der Star der Bibel! Nun, das hängt vor allem damit zusammen, dass gut drei Viertel aller 730 000 Wörter der Bibel im Alten Testament (AT) zu finden sind, dort aber nie direkt von Jesus gesprochen wird. So taucht Jesus auch erst auf Position 30 der häufigsten Begriffe der Bibel auf. Dafür fallen viele Personen des AT in der Übersicht ins Auge: David, Mose, Abraham oder Saul – häufig waren das auch Könige. Oft ist von Propheten die Rede und auch Begriffe wie Land, Schwert, Blut, Zorn, Heer und Opfer kommen eher im AT vor.

Auffällig und merkwürdig geschrieben ist das Wort HERR. Dieses Wort benutzte Luther in seiner Übersetzung für den Namen Gottes im Alten Testament: JHWH (ausgesprochen »Jahwe«), auch „Tetragramm" (Vierfachzeichen) genannt. Dieser Name darf nach jüdischer Tradition nicht ausgesprochen werden. Als Ersatz sagen Juden meist „Adonai", was Herr bedeutet. Durch die Großbuchstaben kannst du es gut vom normalen „Herr" unterscheiden, das z. B. vorkommt, wenn ein Knecht einen Herrn hat oder wenn Jesus als Herr angesprochen wird.

Auf den folgenden Seiten werden anhand eines Balkens immer der relative Umfang jedes biblischen Buches und dessen Position innerhalb der Bibel grafisch dargestellt. So kann man beim Durchblättern relativ schnell abschätzen, in welchem Teil der Bibel man sich gerade befindet.

MARTIN WOLTERS

Alles (k)ein Zufall?!

Fragst du dich auch manchmal: Warum bin ich auf der Welt, warum lebe ich, was genau ist der Sinn des Lebens und dieser Welt?

So ging es auch den Menschen im ersten Buch Mose. Am Anfang dieses Buches stehen Berichte darüber, wie Gott die Welt und die Menschen erschaffen hat (1. Mose 1–2). Gott sieht zum Schluss alles an, was er gemacht hat und er sieht, dass es gut ist. Es ist kein Zufall, dass es diese Erde gibt und uns Menschen. Gott hat jeden Einzelnen gewollt, auch dich.

Oft kommt es mir zwar gar nicht so vor, als sei ich gut, aber für Gott gilt das: Für ihn bin ich gut.

Man kann das an Abraham sehen, der viel mit Gott erlebt. Auf Abraham kommen in seinem Leben so manche Schwierigkeiten zu, er wird sogar von Gott auf die Probe gestellt: Dabei geht es um seinen Sohn Isaak, in allem ist Gott aber bei ihm, geht mit ihm durch sein Leben. Abraham ist Gott wichtig, das sagt er ihm zu, er segnet ihn (1. Mose 12,2–3): Gott verspricht Abraham, immer bei ihm zu sein, dafür zu sorgen, dass alles zu seinem Besten läuft. Und Abraham soll für andere ein Segen sein, das heißt, er soll anderen Menschen guttun, durch ihn sollen Freude und Gutes in ihr Leben kommen. Gott bleibt aber in allem an Abrahams Seite, das hat er ihm zugesagt, weil er für ihn wertvoll ist, einfach gut.

Das erste Buch Mose ist ein Buch voller Erlebnisse, die Menschen mit Gott haben. Immer gilt: Gott ist den Menschen treu, weil sie für ihn kein Zufall sind, sondern eben genauso von ihm gewollt und von ihm gesegnet. Gut gemacht!

[Jennifer Berger]

Ich fand die Texte gut verständlich. Es hat mir klar gemacht, was der Sinn des Lebens ist, dass kein Mensch ein Zufall ist. Die Schöpfung der Erde habe ich so noch nie gesehen und nur erzählt bekommen. Ziemlich beeindruckend fand ich Abrahams Geschichte und seine Probe.

Vanessa, 13

Gute Worte *Ich will dich segnen und … du sollst ein Segen sein.* 1. Mose 12,2

Und siehe, ich bin mit dir und will dich behüten, wo du hinziehst. 1. Mose 28,15

Lesetipp 1. Mose 1–2 (Die Erschaffung der Welt)

1. Mose 22,1–19 (Abrahams Versuchung)

Freedom is coming

Kein Mensch will freiwillig unfrei leben. Selbst bestimmen zu können, wie man lebt, ist ein Menschenrecht. Gott hat uns einen Verstand gegeben, mit dem wir freie Entscheidungen treffen können.
Er will nicht, dass wir unterdrückt werden.

Das zweite Buch Mose ist das große Buch der Sehnsucht nach Freiheit. Es berichtet vom Auszug des Volkes Israel aus der Gefangenschaft in Ägypten. Gott beauftragt Mose, sein Volk durch die Wüste
in die Freiheit, in das gelobte Land Israel zurückzuführen. Die Israeliten feiern ihre Befreiung mit einem großen Fest, das sie Passah
nennen (2. Mose 12). Unser Abendmahl geht darauf zurück. Es wird
bis heute von Juden mit ungesäuertem Brot und Wein gefeiert.
Mose war alles andere als ein Heiliger. Wegen eines Mordes
musste er, der am Hof des Pharao groß geworden war, fliehen. Dort
begegnete ihm Gott und offenbarte ihm seinen Namen: JHWH
(2. Mose 3). Dieser wird in der Lutherbibel als HERR wiedergegeben
und bedeutet: Ich bin für dich, für euch da, gehe mit euch auf dem
Weg in die Freiheit. Um in Freiheit leben zu können und Unterdrückung zu vermeiden, gab Gott seinem Volk am Berg Sinai Regeln:
die zehn Gebote. Sie gelten bis heute für Juden und Christen.
Berühmt geworden ist die Geschichte vom goldenen Kalb (2. Mose
32). Als Mose im Gespräch mit Gott länger als gedacht auf dem Berg
Sinai bleibt, macht Aaron, der Bruder Moses, dem Volk aus Ohr-
Ringen ein goldenes Kalb als sichtbaren Gott. Das Volk tanzt dann
um das goldene Kalb herum. Das ist sprichwörtlich geworden und
erinnert uns daran, dass man die entscheidenden Dinge im
Leben nicht kaufen kann: Liebe, Freundschaft, Frieden, Freiheit … [Thomas Ebinger]

Ich finde es sehr mutig von Mose, dass er Gott bittet das Volk zu verschonen. Ich hätte mich das nicht getraut. Aber ich glaube, dass Mose
erkannt hat, dass wir Men-schen nicht perfekt sind und
es nie sein werden und dass jeder von uns manchmal sündigt. **Alina, 14**

Gute Worte *Der HERR wird für euch streiten, und ihr
werdet stille sein.* 2. Mose 14,14
*Siehe, ich sende einen Engel vor dir her, der dich behüte
auf dem Wege und dich bringe an den Ort, den ich
bestimmt habe.* 2. Mose 23,20

Lesetipp 2. Mose 20,1-21 (Die Zehn Gebote)
2. Mose 32 (Das goldene Kalb)

Meine No-Go-Areas erkennen

„Ich kann machen, was ich will!" – das ist ein recht bequemes Motto. No-Go-Areas, also Gebiete, die ich nicht betreten sollte oder Regeln an die ich mich halten muss, gibt es dabei nicht. Aber die Bibel, vor allem auch das dritte Buch Mose, berichtet von ganz anderen Erfahrungen. Dort kannst Du nachlesen, welche No-Go-Areas Gott den Menschen in Form von Geboten und Gesetzen vorschlägt. Diese erkennst du an den Worten „sollen" und „nicht dürfen". Gott hat uns diese Gesetze gegeben, damit wir gut leben können: „Denn der Mensch, der sie tut, wird durch sie leben" (3. Mose 18,5). Manche dieser Gesetze sind einfach zu verstehen und werden auch heute noch von den meisten Menschen befolgt, z. B. das Verbot, mit Verwandten Sex zu haben (3. Mose 18,6–18). Andere erscheinen unbequemer, z. B. die Gebote der Nächsten- und Fremdenliebe (3. Mose 19,18; 3. Mose 19,33–34). Das dritte Buch Mose lädt dich dazu ein, darüber nachzudenken, was deine No-Go-Areas sind und welche Gesetze Gottes für dein Leben wichtig sind.

Gott weiß aber auch, dass wir Menschen diese No-Go-Areas doch immer mal wieder betreten und gegen seine Gesetze verstoßen. Das kann sehr belastend sein, vor allem wenn man seine Fehler nicht mehr wiedergutmachen kann. Um von einer solchen Schuld nicht erdrückt zu werden, bietet Gott Vergebung an. Er ermöglicht dir so immer wieder einen Neuanfang. Die Israeliten hatten dafür sogar eigene Opfer-Rituale. Sie haben jährlich einen „Sündenbock" in die Wüste geschickt (3. Mose 16,21). Rituale können auch dir helfen, wichtige Ereignisse ganz bewusst wahrzunehmen.

Welches Ritual für einen Neuanfang passt zu dir?

[Martin Wolters]

Gute Worte *Ich erzeige mich heilig an denen,*
die mir nahe sind, und vor allem Volk erweise ich mich herrlich. 3. Mose 10,3
Du sollst Deinen Nächsten lieben wie dich selbst; ich bin der HERR.

3. Mose 19,18

Lesetipp 3. Mose 16,1-34
(Der große Versöhnungstag)
3. Mose 19,1-37 (Von der Heiligung
des täglichen Lebens)

Ich habe das 3. Buch Mose noch nicht gut gekannt. Es ist interessant für mich, wie viele „Gebote" oder Regeln in diesem Buch aufgeführt werden. Ich hätte nicht gedacht, dass in einem biblischen Buch so viel durch Gott festgelegt wird, auch in Bezug auf die „besonderen Tage" und auf Aussätzige. **Carina, 17**

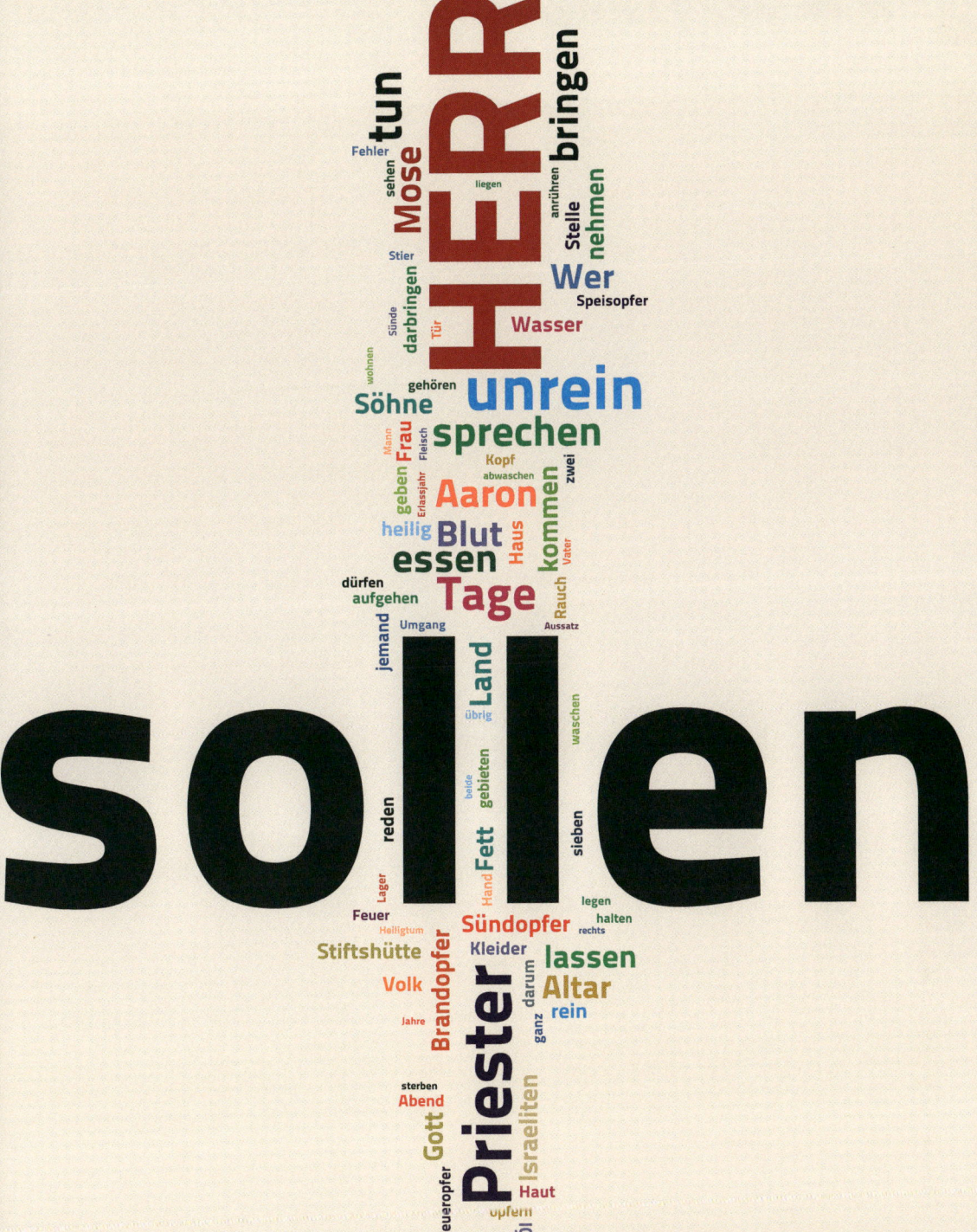

Ich vertraue dir!

Sicher hast du die folgende Szene schon in einem spannenden Hollywood-Film gesehen: Einer befindet sich in einer ausweglosen Situation. Da reicht ihm ein anderer die Hand und ruft „Vertrau mir!" Nach einem kurzen Zögern greift dieser zu und das scheinbar Unmögliche – die Rettung – wird möglich. Wahrscheinlich hast du eine ähnlich dramatische Situation noch nicht selber erlebt. Aber Vertrauen ermöglicht es uns auch im Alltag bis dahin Unmögliches zu erreichen. Z. B. wenn ein Kind Fahrrad fahren oder Schwimmen lernt. Dann scheint es vor Angst kaum möglich, den ersten Schritt zu wagen. Aber wenn die Eltern es schaffen, dass das Kind ihnen vertraut, wird das scheinbar Unmögliche plötzlich doch möglich. Im 4. Buch Mose wird davon erzählt, wie das Volk Israel über Jahrzehnte durch die Wüste wanderte um in das von Gott versprochene Land zu gelangen. Das war äußerst anstrengend und schwierig. Immer wieder kam es zu dramatischen Situationen, scheinbar ohne Ausweg. Aber jedes Mal hat es Gott durch Zeichen und Wunder geschafft, dass die Israeliten ihm wieder vertrauten. Und so wurde schließlich das Unmögliche möglich: Das Volk erreichte das gelobte Land.

Auch du wirst in deinem Leben und in deinem Glauben immer wieder an Grenzen stoßen und vor schwierigen Situationen stehen. Vielleicht erinnerst du dich dann einfach an die Israeliten und kannst mit etwas Vertrauen auf Gott dann doch das scheinbar Unmögliche möglich machen. *[Martin Wolters]*

An Mose beeindruckt mich, dass er immer "ruhig" bleibt. So kommt es mir vor. Und er hat Vertrauen in Gott, egal was kommt. Außerdem spricht die Bibel Probleme an, die sich andere nicht anzusprechen trauen. Die Bibel ist wie eine zweite Stimme. **Vivien, 15**

Gute Worte *Der HERR segne dich und behüte dich; der HERR lasse sein Angesicht leuchten über dir und sei dir gnädig; der HERR hebe sein Angesicht über dich und gebe dir Frieden.* 4. Mose 6,24-26

Lesetipp 4. Mose 21,4-9 (Mose richtet die eherne Schlange auf)
4. Mose 22-24 (Bileam soll Israel verfluchen, aber er muss es segnen)

Wie soll ich leben?

Du bist kein Kind mehr und du ahnst bestimmt schon, worauf es im Leben tatsächlich ankommt. Vielleicht hast du auch schon manchmal darüber nachgedacht, was du einmal machen wirst, wie du später leben willst. Ein solches Nachdenken ist wie der Blick von einem hohen Berg: Ich sehe den Weg, den ich bisher gegangen bin. Und ich sehe das Land, das vor mir liegt: meine Zukunft.

Genau darum geht es im fünften Buch Mose: Die Israeliten hatten sich aufgemacht, um ins gelobte Land zu ziehen (vgl. 2. Mose). Jetzt liegt dieses Land vor ihnen. Sie wissen nicht genau, was sie dort erwartet. Sie kennen die Zukunft nicht. Aber sie kennen ihre Vergangenheit. Deshalb schaut Mose mit ihnen zurück: Was war gut? Wo und wie hat Gott uns bisher geholfen? Was haben wir falsch gemacht? Dieser Blick läuft auf die lebenswichtige Frage hinaus: Welche Regeln sollen bei uns gelten, damit wir gut leben können – egal was die Zukunft bringt?

Mose erinnert sein Volk an die zehn Gebote (5. Mose 5). Die Grundlage eines guten Zusammenlebens kann man an den Fingern beider Hände abzählen. Aber im Alltag tauchen schwierigere Fragen auf: Was können wir machen, dass die Reichen nicht immer reicher und die Armen nicht immer ärmer werden? Wie soll ein Mord bestraft werden? Wie ist das mit der Ehescheidung? Und vieles mehr (5. Mose 12–26). Diese Einzelregelungen sind natürlich zeitgebunden. Aber wichtig bleibt: Alle Vorschriften sollen so sein, dass sie den Menschen „zum Segen" werden (5. Mose 33). *[Herbert Kolb]*

Gute Worte *Du sollst den HERRN, deinen Gott, liebhaben von ganzem Herzen, von ganzer Seele und mit all deiner Kraft.* 5. Mose 6,5

Nicht hat euch der HERR angenommen und euch erwählt, weil ihr größer wäret als alle Völker – denn du bist das kleinste unter allen Völkern –, sondern weil er euch geliebt hat. 5. Mose 7,7

Lesetipp 5. Mose 15,1–11 (Das Erlassjahr)
5. Mose 32,1–14 (Das Lied des Mose)

> Ich fand interessant, dass Mose so viel für Gott und die Israeliten gemacht hat. Ich habe nicht gewusst, dass die Israeliten so strenge Gebote befolgen mussten und dass die Strafen so hart waren.
> **Leon, 14**

Help! I need somebody!

Josua heißt „Gott hilft" – und Gottes Hilfe braucht dieser Mann, da er eine große Aufgabe übernimmt. Als Heerführer Israels und Nachfolger Moses soll er das Volk in das versprochene Land bringen. Eine große Herausforderung für ihn. Josua zweifelt an sich und seinen Fähigkeiten. Er fühlt sich mutlos und klein. Um neue und fremde Wege zu gehen, braucht man aber Mut und Stärke. Aber es ist gar nicht so einfach aus der Mutlosigkeit herauszukommen.

Josua wird dazu aufgerufen, sich an die Weisungen Gottes zu halten, damit sein Weg gelingt. Diese Lebensregeln gibt er an sein Volk weiter.

Josua möchte seine Aufgabe so gut wie möglich machen und das schafft er auch. Immer mit der Zusage Gottes im Hinterkopf: „Siehe, ich habe dir geboten, dass du getrost und unverzagt seist. Lass dir nicht grauen und entsetze dich nicht; denn der HERR, dein Gott, ist mit dir in allem, was du tun wirst" (Jos 1,9).

Mit Gottes Hilfe erobern Josua und das Volk den neuen, ihnen versprochenen, Lebensraum. Die zwölf Stämme Israels finden im Land ihrer Vorfahren eine gute Heimat. Auch wir müssen keine Angst haben vor Neuem, vor Veränderungen. Wie Gott Josua geholfen hat, hilft er auch uns, Neues zu wagen, das wir uns bisher nicht zugetraut hätten.

Gott verspricht uns Gutes. Wir müssen an unseren Aufgaben, egal wie groß sie sind, nicht verzweifeln. Gott hält sein Wort.

[Liane Wrobel]

Egal, was du tust, welche Entscheidung du triffst, welchen Weg du gehst, Gott steht hinter dir! Er unterstützt dich, hilft dir, trägt dich. Mit Gott an deiner Seite kannst du Völker mobilisieren, Berge versetzen und sogar Länder erobern. **Marvin, 17**

Gute Worte *Siehe, ich habe dir geboten, dass du getrost und unverzagt seist. Lass dir nicht grauen und entsetze dich nicht; denn der HERR, dein Gott, ist mit dir in allem, was du tun wirst.* Jos 1,9
Es war nichts dahingefallen von all dem guten Wort, das der HERR dem Hause Israel verkündigt hatte. Es war alles gekommen. Jos 21,45

Lesetipp Jos 23,1-16 (Josuas letzte Botschaft an sein Volk)

Heldentaten

Wie wird man zum Helden? Am leichtesten geht das heute im Computer-spiel. Muskelbepackt mit einer Kanone vor dem Gesicht ballert man in alle Richtungen. Wenn es darum geht, tatsächlich in den Krieg zu ziehen, sind wir aus gutem Grund heute sehr zurückhaltend. Aber manchmal geht es nicht anders, Krieg und Gewalt sind leider Realität in vielen Teilen der Welt.

Auch das Volk Israel war bedroht zur Zeit der Richter, musste kämpfen und sich verteidigen. Dabei waren sie eigentlich ein friedliches Noma-denvolk. Aber Gott half ihnen und beauftragte Richter, starke Führungs-persönlichkeiten, die das Volk in den Kampf führten. Mit Gottes Hilfe und einer besonders kleinen Zahl von Kriegern gelingt es Gideon die Midiani-ter in die Flucht zu schlagen.

Unter den Richtern gibt es spannende, schillernde Figuren: die kluge, dichterisch begabte Frau Debora (Ri 4–5) oder Simson (Ri 13–16), der Mann, dessen von Gott verliehene Kraft in seiner ungebändigten Haar-pracht steckte. Er ist gleichzeitig ein warnendes Beispiel für das eigen-mächtige Handeln vieler starker Helden. Nicht jede seiner dramatischen Aktionen war im Sinne Gottes.

Der Maßstab für die Beurteilung der Helden im Buch der Richter ist ihre Treue zu dem einen, wahren Gott. Sich mit voller Kraft für ihn einzu-setzen lohnt sich, auch wenn man dadurch nicht immer zum Superhel-den wird, der in Geschichtsbüchern ein eigenes Kapitel bekommt. Aber vielleicht ist das auch gar nicht erstrebens-wert. [Thomas Ebinger]

Gute Worte *Da erschien ihm der Engel des HERRN und sprach zu ihm: Der HERR sei mit dir, du streitbarer Held.* Ri 6,12

Lesetipp Ri 6,25-36 (Gideon kämpft für Gott und macht einen Test auf seinen Willen) Ri 16,4-22 (Simson wird von einer Frau überlistet)

Ich finde das Buch interes-sant und es bringt einen zum Nachden-ken. Oft finde ich die Geschichte al-lerdings auch un-realistisch und schwer vor-stellbar. Ich persönlich verstehe aus heutiger Sicht nicht den Sinn von vielen Taten sowie die Notwendig-keit der Opfer, die Gideon Gott bringen muss.
Annika, 16

Alle Menschen sind Ausländer – fast überall

Das Wort „Ausländer" darf man ja fast nicht in den Mut nehmen. Leute mit Migrationshintergrund heißt das heute politisch korrekt. In der Regel haben sie es schwerer als die Inländer. Es wird erwartet, dass sie sich anpassen, dabei hängen sie völlig zu Recht auch an der eigenen Kultur. Manchmal werden sie sogar gezielt benachteiligt. Freundlichkeit und Hilfsbereitschaft gegenüber Ausländern ist ein wichtiger Grundsatz der Bibel. Und ein eigenes Buch zum Thema Migration, Ein- und Auswanderung finden wir im Buch Rut. Wegen einer Hungersnot wandert eine ganze Familie ins Nachbarland Moab aus. Dort heiraten die beiden Söhne einheimische Frauen. Eine davon heißt Rut. Aber sowohl der Vater als auch die beiden Söhne sterben. Die alte Noomi will zurück in ihre geliebte Heimat – allein. Aber Rut hat in ihr mehr gefunden als eine Vertrauensperson. Sie hat durch sie den wahren Gott kennengelernt. Deshalb geht sie mit ihrer Schwiegermutter mit und wagt in Israel einen Neuanfang.

Der ist zunächst schwer: Als Bedürftige sammelt sie liegen gebliebene Körner von den Feldern auf und lernt dabei Boas kennen. Ein Happy End bahnt sich an, eine aufregende Liebesgeschichte, bei der sich Rut sogar heimlich unter die Bettdecke von Boas schleicht.

Rut ist eine der Powerfrauen der Bibel. Ihr Vorbild macht Mut, auch den kompletten Neuanfang zu riskieren – wenn es nötig ist, sogar im Ausland. Übrigens lebte Rut schließlich in Bethlehem. Und dort wurde viele Generationen später Jesus geboren. Und tatsächlich: Rut, eine moabitische Ausländerin, kommt in seinem königlichen Stammbaum vor, denn sie war die Urgroßmutter von König David (Mt 1,5).   [Thomas Ebinger]

Ich finde es erstaunlich, dass Rut ihre Schwiegermutter um keinen Preis verlassen will und aus Liebe zu ihr sogar ihr Land verlässt. Eigentlich gibt es ja nicht viel, was sie hält, denn ihr Mann ist tot. Aber sie folgt ihr trotzdem und lässt sie nicht allein. **Esther, 17**

Gute Worte *Rut zu ihrer Schwiegermutter Noomi: Wo du hin gehst, da will ich auch hin gehen; wo du bleibst, da bleibe ich auch. Dein Volk ist mein Volk, und dein Gott ist mein Gott. Wo du stirbst, da sterbe ich auch, da will ich auch begraben werden. Der HERR tue mir dies und das, nur der Tod wird mich und dich scheiden.* Rut 1,16–17

Lesetipp Rut 2 (Rut begegnet dem großherzigen Boas auf seinem Feld)

Ich kenne dich wirklich!

Hast du auch manchmal das Gefühl, dass die anderen gar nicht sehen, wer du wirklich bist? Menschen schauen oft nur danach, wie jemand wirkt und gar nicht wie er eigentlich ist. Bei Gott ist das anders, wie du auch im ersten Buch Samuel nachlesen kannst, wo die Geschichte von David erzählt wird:

David war eigentlich ein ganz gewöhnlicher Hirtenjunge, völlig unscheinbar, der kleinste von sieben Brüdern. Doch Gott hat David auserwählt, König zu sein (1. Sam 16). Er sah, dass mehr in ihm steckt, als die anderen dachten. Gott sah Davids Herz an, ihm kam es nicht darauf an, dass David möglichst groß, mächtig und königlich aussieht, er wählte ihn aus, weil er ihn wirklich kannte.

Das heißt aber noch lange nicht, dass David immer das Richtige tat, oder besser war als andere. David erlebte mit Gott Höhen und Tiefen und war nicht immer der gefeierte Held wie im Kampf gegen Goliat. Oft kannte er seine Grenzen nicht, war manchmal sogar brutal und egoistisch, doch Gott hielt zu ihm, war immer an seiner Seite. Nur, weil Gott ihn stark machte, konnte der kleine Hirtenjunge den riesigen Krieger Goliat besiegen – und das mit einer winzigen Steinschleuder (1. Sam 17)!

An David kann man sehen, dass Gott nicht nur die strahlenden Helden liebt oder die perfekten Saubermänner, dass er nicht nur bei denen ist, die erfolgreich und beliebt sind. Er liebt die Menschen, so wie sie eben sind, mit all ihren Fehlern und Macken, auch, wenn sie sich mal daneben benehmen. Auch dich und mich. Und er ist immer bei uns, wie er auch bei David war.

[Jennifer Berger]

Gute Worte *Mein Herz ist fröhlich in dem HERRN, mein Haupt ist erhöht in dem HERRN. Es ist niemand heilig wie der HERR, außer dir ist keiner und ist kein Fels, wie unser Gott ist.* 1. Sam 2,1-2
Der Mensch sieht, was vor Augen ist; der HERR aber sieht das Herz an. 1. Sam 16,7

Lesetipp 1. Sam 17 (David gegen Goliat)
1. Sam 20,1-23 (David und Jonatan)

Mich hat sehr beeindruckt, dass David nur mit einer einfachen Steinschleuder den Riesen Goliat besiegt hat und dass er, obwohl er nur ein Hirtenjunge war, König geworden ist. **Cedric, 13**

König David, die zweite — Ziemlich harte Zeiten

Eigentlich müsste sich David überhaupt nichts sagen lassen. Von niemandem an seinem Hof, auch von dem Propheten Nathan nicht. David ist ganz oben angekommen. Aus dem Hirtenjungen, der mit seiner Schleuder den mächtigsten Kämpfer des gegnerischen Heeres besiegt hat, ist nach Flucht, Verfolgung und grausamen Kriegen der König aller Juden geworden. Er hat das Volk geeint und über alle Feinde gesiegt. Er bringt Israel zur ungeahnten Blüte und herrscht über alle Stämme. Doch dann sündigt David, der mächtige, gottesfürchtige, großartige König aller Juden: beim nächtlichen Spaziergang auf dem Dach seines Palastes sieht er Batseba, die Frau eines treuen Soldaten, die in ihrem Hof ein Bad nimmt. Und David, dem Recht und Gerechtigkeit immer besonders wichtig waren, holt Batseba in den Palast, schläft mit ihr und lässt ihren Ehemann an die vorderste Front versetzen, wo er, wie gewünscht, ziemlich schnell tödlich getroffen wird.

Im zweiten Buch Samuel geht es um glanzvolle Siege in sehr rauen Zeiten. Es geht aber auch um Grenzüberschreitung, um Gier und um Schuld. David empfängt Nathan. Er merkt nicht, dass Nathan seine, Davids, Geschichte erzählt und als er sich aufregt, versteht er erst spät, dass er über sich selbst geurteilt hat. David ist ein großer König, doch auch er muss für seinen Ehebruch teuer bezahlen. Seine Größe aber zeigt sich im Umgang mit seiner Schuld. Wenige Könige nach ihm haben ihre Fehler eingesehen, sehr wenige standen zu ihren Verfehlungen. In dieser Hinsicht ließe sich viel von ihm lernen. Wie gehen wir mit Fehlern um? Was tun wir, wenn wir schuldig geworden sind? [Eberhard Reinmuth]

In Kapitel 12 wird eine Situation dargestellt, die jeder kennt. David erkennt seine eigene Schuld und Ungerechtigkeit erst, nachdem jemand ihm diese anhand eines anderen Beispiels vorlegt. Wenn wir ehrlich zu uns selbst sind, kennen wir diese Situation auch ganz genau. **Lisa Marie, 17**

Gute Worte *All mein Heil und all mein Begehren wird er gedeihen lassen.* 2. Sam 23,5

Lesetipp 2. Sam 12,1-12 (Nathans Strafrede)

Salomos grösster Wunsch

Weil er ihn sehr mag, gewährt Gott Salomo einen Wunsch. Alles, was Salomo haben möchte, kann er bekommen, fast wie im Märchen. Salomo ist damals schon König als Nachfolger seines Vaters David. Er steht am Anfang seiner Regierungszeit. Salomo ist jung und unsicher, die Zeiten sind hart. Zuerst muss er sich gegen seinen Halbbruder durchsetzen. Nicht jeder akzeptiert ihn auf dem Thron, Israel ist umzingelt von mächtigen Feinden. Salomo könnte sich Reichtum wünschen, Macht über alle Völker, er könnte sich starke Armeen wünschen oder ein langes, prunkvolles Leben.

Salomo wird tatsächlich ein großer König: Vierzig Jahre lebt das Volk Israel unter seiner Regentschaft in Frieden. Er lässt den ersten Tempel in Jerusalem bauen, er fördert die schönen Künste, liebt Musik und Gerechtigkeit. Die mächtige Königin von Saba ist von ihm sehr beeindruckt und beschenkt ihn reich. Nie mehr kamen so viele Reichtümer ins Land wie zu diesen Zeiten.

Aber auch Salomo macht Fehler: Auf der Höhe seines Ruhmes vergisst er seine Wurzeln. Er erlaubt seinen vielen andersgläubigen Frauen fremde Götter anzubeten und schließlich weiß er selbst nicht mehr richtig, wem sein Herz gehört.

Weil er ihn liebt, schont Gott Salomo und straft ihn nicht. Aber nach seinem Tod zerfällt das Reich, nie mehr geht es Israel danach wieder so gut. Was hatte sich Salomo als junger Mann gewünscht? Weisheit. Gott hat sie ihm reichlich geschenkt. Was für ein Elend, dass er seine Gabe am Ende seines Lebens nicht mehr genutzt hat. Was hättest du dir gewünscht? Hast du einen Wunsch für dein Leben?

[Eberhard Reinmuth]

Gute Worte *Der HERR, unser Gott, sei mit uns, wie er mit unseren Vätern gewesen ist. Er verlasse uns nicht und ziehe die Hand nicht ab von uns.*

1. Kön 8,57

Lesetipp 1. Kön 3,16-28 (Salomos Urteil)

Ich finde es interessant, dass sich das Volk Israel trennt und dass später auch noch Feindschaft zwischen ihnen herrschte. Und ich finde es krass, dass Salomo so ein weiser Mann war.
Martin, 16

Versager auf höchstem Niveau

Ich will ganz ehrlich sein. Spaß macht das zweite Buch der Könige nicht. Überall in der Bibel gibt es spannende und ermutigende Geschichten von intelligenten und interessanten Menschen. Menschen, die sich um Gottes Segen bemühen und über sich hinauswachsen. – Im zweiten Buch der Könige: nichts davon. Die meisten Könige machen das, was Gott nicht gefällt: Sie interessieren sich nur für sich selbst, sind ungerecht und grausam und beten fremde Götter an.

Warum also soll man das zweite Buch der Könige lesen, wenn es so wenig Hoffnung macht?

Vielleicht geht es nicht immer nur darum, ob die Geschichten cool oder raffiniert oder spannend sind. Schauen wir uns doch die Situation noch einmal genauer an:

Die Könige in Israel sind undankbar. Sie könnten gut sein, aber sind es nicht. Sie könnten Gutes tun, aber tun es nicht. Sie könnten große Herrscher sein, aber am Ende sind die meisten klein, besiegt und ohne Ruhm. Viele verstehen nicht, worauf es wirklich ankommt.

Vielleicht ist es das, woran das Buch der Könige uns erinnert. Vielleicht ist das der Grund, es heute noch zu lesen. Vielleicht zeigt es uns, was wir tun und was wir besser lassen sollen. Ist Zuverlässigkeit cool? Oder Dankbarkeit? Was wünschst du dir von andern Menschen? Was ist dir Ehrlichkeit und Treue wert? Vor allem, worauf kann man sich bei dir verlassen? Was bist du bereit zu geben? Was ist dir wichtig, wofür schlägt dein Herz? Geht es nur um dich oder kannst du auch andere sehen? Natürlich sind wir alle keine Könige, aber trotzdem wäre es gut, nicht die gleichen Fehler zu machen.

[Eberhard Reinmuth]

An diesem Buch der Bibel kann man sehr gut erkennen, dass es wichtig ist auf Gottes Wort zu hören und ihm gehorsam zu sein. Der Zerfall der beiden Königreiche Israel und Juda zeigt, dass es nicht Gottes Plan war, dass sich das Volk Israel trennt und in zwei Reiche spaltet. **Emily, 17**

Gute Worte *Ich habe dein Gebet gehört und deine Tränen gesehen. Siehe – ich will dich gesund machen.* 2. Kön 20,5

Lesetipp 2. Kön 20,1-11 (Hiskias Krankheit und Genesung)

Gegen die eigenen Gene geht es nicht lang gut

Ungefähr 800 Euro kostet heute die Analyse deiner kompletten Erbanlagen – Preis weiter fallend. Lohnt sich das, was sagen meine Gene über mich aus? Ich habe sie geerbt von meinen Eltern und damit vieles, was ich an mir mag oder auch nicht. Familie ist für alle Menschen in Deutschland der wichtigste Lebensbereich, sogar wichtiger als Freunde, wenn auch nur knapp.

Im ersten Buch der Chronik dreht sich alles um Vergangenheit, Herkunft und Familie, um die Gegenwart besser zu verstehen. Über neun Kapitel wird der Stammbaum des Volkes Israel dargestellt – mit Adam fängt alles an. Besonders wichtig ist ein Vater-Sohn-Verhältnis: das zwischen David und Salomo. Salomo war ein völlig anderer Typ als sein Vater: Er war friedlich, nachdenklich, geduldig. David hingegen war eher Draufgänger und Macher, ein Krieger und Kämpfer, der leicht über das Ziel hinausschoss.

Unsere Eltern haben mehr Einfluss auf uns, als wir das oft zugeben wollen. Gut ist, wenn sie uns etwas zutrauen, vielleicht sogar etwas Großes wie David Salomo: Er sollte den Tempel bauen, den David nicht bauen durfte, weil er zu viel Blut an seinen Händen hatte.

Du musst nicht sein wie deine Eltern, musst nicht alles machen wie deine Eltern. Aber an David und Salomo kann man sehen, wie schön es ist, auf den Schultern der eigenen Eltern und Vorfahren stehen zu können. Und später etwas an die eigenen Kinder weitergeben zu können und damit ein neues Kapitel Familienchronik zu schreiben. Über deine Lebenserfahrung und vielleicht auch wie bei David und Salomo über deine Erfahrungen mit Gott.

[Thomas Ebinger]

Gute Worte *Was du, HERR, segnest, das ist gesegnet ewiglich.*

1. Chr 17,27b

Lesetipp 1. Chr 22,2-19 (Salomo soll im Auftrag seines Vaters den Tempel bauen)

> Ich finde es total schön, dass David den HERR(N), Gott Abrahams, Isaak und Israels, unserer Väter (1. Chr 29,18) nennt und ihn damit irgendwie als Familienmitglied ansieht. Das zeigt, dass Gott mir ganz nah ist, so nah wie meine Eltern, mich nie im Leben allein lässt und sich immer um mich kümmern wird.
> **Stefanie, 27**

Das Haus der Hoffnung

Wohin gehst du, wenn mal wieder alles schiefläuft? In dein Zimmer, in den Wald oder womöglich in die nächste Kirche? Es tut gut, dort ein Gebet zu sprechen. Kirchen sind Symbole der Hoffnung, der Kirchturm zeigt immer nach oben. Lass den Kopf nicht hängen, sagt er, Gott ist für dich da.

Auch für das Volk Israel war der Tempel, das Haus des Herrn, ein Symbol der Hoffnung und der Gegenwart Gottes. Dem Autor der Chronikbücher war er besonders wichtig. Denn zwischendurch war der Tempel zerstört worden. So stellt er die Geschichte Israels und seiner Könige noch einmal zusammen, er strafft und ergänzt, kommentiert seine Quellentexte und zeichnet ein großes Bild der Hoffnung.

Die Hoffnung lag in diesen Zeiten immer auf dem König. Regierte er gut, ging es auch dem Volk gut. Das Regieren war für die Könige aber gar nicht so leicht, denn viele von ihnen kamen sehr jung auf den Thron. Manasse war erst zwölf, Josia sogar erst acht Jahre alt. Während Manasse zurückfiel in den Aberglauben und die Vielgötterei, wurde Josia – ähnlich wie vor ihm schon Hiskia – zum großen Reformer. Er verschuf Gottes Geboten Geltung und sorgte dafür, dass wieder in guter alter Tradition Passah gefeiert wurde.

In einem demokratischen Land wie unserem liegt die Hoffnung, wie es weitergeht, auf jedem Einzelnen. Ob wir in guten, gerechten Verhältnissen leben werden oder ob der Egoismus siegt, liegt auch an dir – egal ob du schon wählen darfst oder nicht.

Übrigens: Dass es zwei Chronikbücher gibt, hat ähnlich wie bei den Königebüchern einen technischen Grund. Die früher üblichen Schriftrollen konnten nicht beliebig dick sein und dann teilte man den Text eben in der Mitte.

[Thomas Ebinger]

Gute Worte *Des HERRN Augen schauen alle Lande, dass er stärke, die mit ganzem Herzen bei ihm sind.* 2. Chr 16,9a

Lesetipp 2. Chr 34 (Josia wagt einen Neuanfang)

Ich finde es spannend, dass in diesem Buch gezeigt wird, wie oft Könige Israels sich von Gott abwendeten und wie Gott jeden einzelnen von ihnen bestrafte. **Sebastian, 16**

Kampf um den wahren Glauben

Es ist nicht einfach, sich den Glauben zu bewahren, wenn alle um mich herum anders denken. Wenn ich bewusst Menschen und Orte suche, wo der Glaube gepflegt wird, fällt das viel leichter. Und besonders wichtig ist dabei der Freund oder die Freundin, der oder die vielleicht einmal zum Ehepartner wird. Mit ihm/ihr will ich schließlich alles teilen, Freude und Leid, wichtige Entscheidungen, auch die, wie einmal die Kinder erzogen werden sollen.

Diese Erfahrung machte das Volk Israel nach der Rückkehr aus Babylonien. Im Land Israel lebten andere Völker mit einer anderen Religion. 538 v. Chr. ließ der Perserkönig Kyros Juden zurückkehren in ihr geliebtes Land. Mühsam bauten sie sich dort wieder ein Leben auf und fingen auch an, den Tempel in Jerusalem wieder einzurichten, dort zu opfern und Gottesdienste zu feiern.

Etwa 80 Jahre später kommt, angeführt von Esra, eine zweite größere Gruppe Juden zurück nach Jerusalem. Esra ist Priester und kümmert sich darum, dass der Tempeldienst nach den Geboten Gottes vollzogen wird. Eines macht ihm große Sorge: die Mischehen mit Angehörigen anderer Religionen, die viele Juden geschlossen haben.

Aus heutiger Sicht wirkt es intolerant, was Esra macht: Er sorgt dafür, dass 110 Mischehen geschieden werden. Ob es damals wirklich notwendig war, um den Glauben zu bewahren, ist im Nachhinein schwer zu entscheiden. Toleranz und die bewusste Entscheidung für den eigenen, hoffentlich wahren Glauben müssen sich nicht ausschließen. Aber gut überlegen sollten auch wir uns, wer unsere engsten Freunde und Vertrauten sein sollen und was das mit unserem Glauben macht. [Thomas Ebinger]

Als besonders eindrucksvoll habe ich den Tempelbau empfunden. Trotz vorheriger Schwierigkeiten hat das Volk Israel im Namen des Herrn gemeinsam einen neuen Tempel errichtet. Die Geschichte macht deutlich, dass ein gemeinsames Ziel (durch den Glauben) verbinden und Gemeinschaft schaffen kann.
Isabelle, 20

Gute Worte *Die Hand unseres Gottes ist zum Besten über allen, die ihn suchen, und seine Stärke und sein Zorn gegen alle, die ihn verlassen.* Esra 8,22

Lesetipp Esra 10 (Auflösung der Mischehen)

Gehe noch einmal auf Los

Immer wieder muss man im Leben neu anfangen: erst die Einschulung, dann der Wechsel auf die weiterführende Schule, ein Umzug vielleicht oder ein neues Hobby, eine neue Sportart. Womöglich eine komplette Änderung der Familiensituation: Trennung der Eltern, Patchworkfamilie, Stiefgeschwister. Immer wieder muss man sich neu orientieren. Wer ist nett, auf wen kann ich mich verlassen? Wie mache ich das Beste aus der neuen Situation?

Auch für das Volk Israel war nach dem Exil in Babylon alles auf Null gesetzt, als sie in ihr zerstörtes Land zurückkehrten. Der Anblick der Trümmer war kaum auszuhalten, es gab keine Sicherheit, nur Provisorien überall. Nehemia hatte zwar einen guten Posten als Mundschenk am Hof des persischen Königs Artaxerxes, aber das Schicksal seines Volkes machte ihn traurig. Er betete zu Gott und fragte den König um Erlaubnis, Jerusalem wieder aufbauen zu dürfen. Buchstäblich im Angesicht der Feinde, gleichzeitig Werkzeug und Waffen in den Händen, baute Nehemia mit vielen Helfern die Stadtmauer wieder auf und legte damit die Grundlage für einen Neubeginn der Nachkommen des Volkes Israel. Wie viel Energie das gekostet hat, spürt man beim Lesen des ausführlichen Berichts. Aber als es geschafft war, gehörte auch Feiern dazu: Beim Lesen des Gesetzes entdeckten die Israeliten, dass man das Laubhüttenfest feiern soll – ein fröhliches Fest zum Abschluss der Weinernte. Ein Neustart kostet viel Kraft, aber es lohnt sich dran zu bleiben und nicht aufzugeben. Mit Gottes Hilfe und wenn alle mitziehen, ergeben sich bald Lebensbedingungen, bei denen man auch wieder locker sein und feiern kann.

[Thomas Ebinger]

Gute Worte *Seid nicht bekümmert; denn die Freude am HERRN ist eure Stärke.*

Neh 8,10

Lesetipp Neh 3,33–4,16 (Stadtmauerbau unter verschärften Bedingungen)

Für mich ist Nehemia ein Vorbild mit dem, was er getan hat. Ich finde es toll, wie standhaft er in seinem Glauben an Gott war und dass er nicht auf eigene Faust gehandelt hat. Außerdem hat er nicht egoistisch gehandelt, sondern immer Gott und seinem Volk gedient.
Johanna, 18

Zivilcourage

Gegen Ungerechtigkeit kämpfen und dabei noch den eigenen Kopf hinhalten – das ist Zivilcourage. Doch dazu gehört ganz schön viel Mut, finde ich.

Mutig und stark ist die Jüdin Ester allemal und Zivilcourage beweist sie im Esterbuch auf ganz besondere Weise: Die Perser waren zu Esters Zeit zwar die große Weltmacht. Doch es ist gerade die schöne Ester aus dem Volk Israel – was der König zu diesem Zeitpunkt aber nicht weiß –, die der Perserkönig Ahasveros zu seiner Frau und Königin erwählt. Ester erzählt dem König, dass ein Anschlag auf ihn geplant sei. Das hat ihr Pflegevater Mordechai herausgefunden und rettet dadurch Ahasveros' Leben (Est 1–2). Doch Haman, ein hoher Angestellter des Königs, will alle Juden umbringen lassen, weil er sich von ihnen in seinem Stolz verletzt fühlt. Daraufhin setzt Ester ihr Leben aufs Spiel und bittet den König, ihr Volk zu verschonen. Der König erinnert er sich an die gute Tat des Juden Mordechai und so erlaubt er dem Volk Israel, sich gegenüber ihren Feinden zu verteidigen (Est 2–7). Und obwohl im Esterbuch kein einziges Mal direkt von Gott gesprochen wird, wissen Ester und Mordechai insgeheim doch, dass Gott es ist, der ihre Wege lenkt und das Volk Israel rettet. Zur Erinnerung an diese Rettung feiern Juden auch heute noch das Purimfest (Est 8–10).

Mir macht die Geschichte von Ester Mut, für mein eigenes Recht oder für das Recht anderer zu kämpfen – Zivilcourage zu zeigen. Und ich glaube, dass Gott dabei auch insgeheim meine Wege lenkt, auf welche Weise auch immer …   [Daniela Kisser]

Gute Worte *Denn wenn du zu dieser Zeit schweigen wirst, so wird eine Hilfe und Errettung von einem anderen Ort her den Juden erstehen … Und wer weiß, ob du nicht gerade um dieser Zeit willen zur königlichen Würde gekommen bist?*

Est 4,14

Mich hat beeindruckt, dass Ester sich so für ihr Volk eingesetzt hat und dafür sogar ihr Leben riskierte. **Madeleine, 13**

Lesetipp Est 2,15-3,15 (Ester wird Königin, Mordechais gute Tat und der Plan Hamans)
Est 9,17-32 (Das Purimfest)

Adar
bringen
Ahasveros
Ester
Fürsten
Frauen
Galgen
gehen
gebieten
Haman
Gesetz
geben
kommen
Hand
Kämmerer
halten
Juden
königlich
Königin
König
Länder
legen
Mann
Monat
Palast
Schreiben
schreiben
lassen
sagen
Mordechai
sehen
Susa
Tag
sollen
tun
Tor
Wort
sprechen
Volk
Tage
Zeit

Warum, Gott?

„Warum lässt du das zu, warum hilfst du mir nicht?" Solche Fragen stelle ich Gott oft. Aber ich bekomme von ihm keine direkte Antwort darauf. Warum lässt Gott überhaupt Leid zu? Das fragt auch Hiob, die Hauptperson des Buches. Ihn trifft ein Unglück nach dem anderen, und das, weil Gott im Himmel eine Wette mit Satan eingegangen ist – von der weiß Hiob aber nichts. Satan will Hiob prüfen, ob er auch noch an den lieben Gott glaubt, wenn er schlimme Dinge erleben muss. Zuerst verteidigt Hiob seinen Gott (Hi 1 u. 2), trotz der Schicksalsschläge. Aber dann nagen doch Zweifel an ihm. Hiob hält Gott eine richtig krasse Standpauke: Du bist doch nicht gerecht, Gott! Warum muss ich so leiden, ich habe doch nichts getan? Warum lässt du mich allein? Diese Fragen diskutiert Hiob auch mit seinen Freunden. Die behaupten aber, dass Hiob an seinem Leid selbst Schuld sei (Hi 3–37).

Im Gegensatz zu mir hat Hiob das Glück, dass Gott daraufhin direkt zu ihm redet. Eine klare, deutliche Antwort, warum er so leiden muss, bekommt aber auch er nicht von Gott. Dennoch versteht Hiob jetzt, dass Gott ihn auch in schlimmen Zeiten nicht alleine lässt. Bei Hiob geht die Geschichte am Ende sogar noch richtig gut aus (Hi 38–42). Und auch, wenn bei mir nicht alles Schlimme einfach wieder gut wird und meine „Warum"-Fragen nicht direkt von Gott beantwortet werden, merke ich, wie gut es mir tut, Gott mein Leid zu klagen – Gott hält das aus. Und dann geht es meistens auch irgendwie weiter, manchmal ganz schön kompliziert und vielleicht anders, als ich zuvor dachte, aber es geht weiter … *[Daniela Kisser]*

Gute Worte *Aber ich weiß, dass mein Erlöser lebt.*

Hi 19,25

Ich erkenne, dass du alles vermagst, und nichts, das du dir vorgenommen, ist dir zu schwer. Hi 42,2

Lesetipp Hi 1–3 (Hiobs Glück, Prüfung) Hi 38–42 (Reden Gottes, Hiobs Antworten und erneutes Glück)

Manchmal fragen wir uns, warum Gott Leid zulässt. Leid erlebt auch Hiob. Da Gott mit dem Satan eine Wette hat, trifft Hiob ein Unglück nach dem anderen. Sogar seine Freunde sind gegen ihn. Weil Satan Hiob prüfen will, ob er immer noch glaubt, wenn er Unglück hat. **Svenja, 13**

Na, wie geht's dir?

Wann hat dich das jemand das letzte Mal gefragt – und wollte es auch wirklich wissen? Ich antworte darauf ganz unterschiedlich: Wenn ich mich freue oder gerade gut drauf bin, dann rede ich gern darüber. Aber wenn es mir richtig schlecht geht, wenn ich Angst oder ein schlechtes Gewissen habe, fehlen mir dafür die Worte und ich will nicht darüber reden. Manchmal bleibt mir sogar richtig die Luft weg. Da muss mich schon jemand ganz genau fragen, wie es mir geht und ich muss ihm vertrauen können, bevor ich mich öffnen kann.

Mir helfen in solchen Situationen die Psalmen. Die reden über alle Gefühle: Jubel, Trauer, Hoffnung, Angst, Vertrauen, Einsamkeit, Wut, Glück. Das alles geschieht im Gespräch mit Gott. Mir geht es dann wie König David. Sein Leben war von Höhen und Tiefen geprägt. Dennoch hat er an Gott festgehalten und auf ihn vertraut. Deshalb hat man ihm viele Psalmen in den Mund gelegt. Das macht die Geschichte der Psalmen aus: Sie werden von Generation zu Generation seit Jahrtausenden gelesen und in das eigene Leben übertragen.

Die Psalmen zeigen mir, dass andere ähnlich fühlen. Sie machen mir Mut, meine Situation – selbst wenn sie unangenehm ist – Gott zu schildern. Damit kann sie einen neuen Sinn bekommen und ich kann darüber sprechen – und damit vielleicht auch anderen Mut machen. *[Thorsten Kisser]*

Die Psalmen sind für mich wichtig, da sie alle Gefühle ausdrücken können. Mir gefällt besonders der Psalm 23, in dem man sieht, dass Gott immer für einen da ist und einen immer aus dem finstersten Tal holt. Man kann nicht tiefer fallen als in Gottes Hand. **Klara, 13**

Gute Worte *Der HERR ist mein Hirte, mir wird nichts mangeln.* Ps 23,1
Ich sitze oder stehe auf, so weißt du es; du verstehst meine Gedanken von ferne. Ps 139,2
Denn er hat seinen Engeln befohlen, dass sie dich behüten auf allen deinen Wegen. Ps 91,11

Lesetipp Ps 8 (Ein Mensch staunt über sein Leben vor Gott)
Ps 23 (Der Herr ist mein Hirte)

„Was Oma noch wusste ..."

Kennst du das, dass du etwas für eine Prüfung auswendig lernen musst, es aber einfach nicht in deinen Kopf will? Anderes dagegen, kannst du dir ganz schnell merken und vergisst es auch nicht gleich wieder?

Wahrscheinlich kannten die, die die Sprüche Salomos sammelten, genau dieses Problem. Sie wollten wichtiges Wissen weitergeben und das auf eine verständliche Art. Sie sammelten dazu kluge Sprüche von König Salomo, damit auch die Jugend noch etwas von diesem weisen König lernen kann.

Das Wissen, das in diesem Buch gesammelt ist, beinhaltet ganz viele verschiedene Themen, es sind allgemeine Lebensweisheiten, es geht um Erziehung, um richtiges und falsches Verhalten und es werden Erfahrungen, die schon jemand mit Gott gemacht hat, aufgeschrieben. All dieses Wissen ist in kurze, klare Sprüche verpackt, damit man sie sich auch merken kann, damit man etwas daraus lernt. Man findet in dieser Spruchsammlung zu ganz vielen Situationen im Alltag passende Weisheiten, die weiterhelfen können, die wie Ratschläge sind, an die man sich halten kann. Man kann dieses Buch nutzen wie eine Sammlung von Ratschlägen, die sich schon immer bewährt haben. Ein bisschen wie „Was Oma noch wusste ..." oder besser: Was Salomo *schon* wusste ...

Ein ganz bekannter Spruch, der sogar noch heute zu den gängigen Sprichwörtern gehört ist „Wer anderen eine Grube gräbt, fällt selbst hinein" (vgl. Spr 26,27). Mein Lieblingsratschlag heißt: „Verlass Dich auf den HERRN von ganzem Herzen" (Spr 3,5). Das kann ich mir gut merken und ich finde, das stimmt auch noch heute.   *[Jennifer Berger]*

Gute Worte *Er lässt es den Aufrichtigen gelingen und beschirmt die Frommen.* Spr 2,7
Verlass dich auf den HERRN von ganzem Herzen, und verlass dich nicht auf deinen Verstand, sondern gedenke an ihn in allen deinen Wegen, so wird er dich recht führen. Spr 3,5
Wer sich auf den HERRN verlässt, wird beschützt. Spr 29,25

Lesetipp Spr 3,27-35 (Ermahnung zum Wohltun und zur Friedfertigkeit)
Spr 22,17-29 (Worte der Weisen)

In den Sprüchen kommt oft zum Ausdruck, dass diejenigen dumm sind, die nicht überlegen, was sie sagen und tun. Die Verse haben mich neu dazu bewegt, genauer darauf zu achten, denn wie schnell enttäuscht man andere durch Worte oder unüberlegtes Handeln.
Madeleine, 17

Was soll'n das?

„Wieso lerne ich das eigentlich? Das brauche ich nie wieder! Warum reiße ich mir den A**** für diese Person auf?" Kennst du solche Gedanken? Schon vor ca. 2300 Jahren hat sich diese Frage ein Versammlungsleiter einer Gemeinde gestellt. (Im Hebräischen heißt er Kohelet, heute würde man Prediger sagen.) Er fragt zum Beispiel, wie man glücklich leben kann, wie das ist mit dem Sterben mit Mühe und Vergnügen, mit dem Geld, mit Weisheit, mit Wissen und dem Sinn des Lebens.

Dazu begibt er sich in Gedanken in unterschiedliche Situationen und hofft dabei einen anderen Blick auf das Leben zu bekommen. Einmal betrinkt er sich sogar dafür mit Wein. Die Ergebnisse seiner Untersuchungen sind aber immer dieselben: „Es ist alles ganz eitel" (Pred 1,2). Eitel meint hier, dass das Leben vergänglich, unvollkommen und nichtig ist oder mit anderen Worten: Alles ist wie ein Windhauch, den man kaum spürt.

Bei seinen Forschungen stößt der Prediger auch auf Gott: Er erkennt, dass der Mensch das Leben von ihm geschenkt bekommt. Der Mensch und das, was er tut, hat, so findet der Prediger heraus, keinen Einfluss auf Gottes Entscheidungen, es hat auch keine Auswirkungen auf ein Leben nach dem Tod – es existiert nicht in seinem Denken.

Das Buch kann uns heute daran erinnern, dass wir Besitz, Wissen und Macht nicht zu hoch schätzen sollten, weil das alles vergeht. Im Judentum wird deshalb das Buch am Erntedankfest, auch Laubhüttenfest genannt, verlesen, um die Menschen in der Feierlaune daran zu erinnern, dass sowohl ihr Besitz als auch ihr Leben vergänglich sind.

[Lukas Golder]

In dem Text wird meiner Meinung nach ziemlich deutlich beschrieben, was Weisheit ist und bedeutet. Jemand kauft und besorgt sich alle Freude, die man für Geld haben kann. Auch Eitelkeit und Torheit spielen eine große Rolle. „Unter der Sonne" ist man eben nur, wenn man an Gott glaubt. **Alexander, 14**

Gute Worte *Und über dem allem, mein Sohn, lass dich warnen; denn des vielen Büchermachens ist kein Ende, und viel Studieren macht den Leib müde.* Pred 12,12

Lesetipp Pred 2,1-18 (Das Experiment mit Wein klug zu werden)

Erotischer Liebesbrief, FSK 16

Du suchst ein originelles Kompliment für deine Freundin oder deinen Freund? Wie wär's mit: „Du bist schön, meine Freundin, deine Brüste sind wie zwei kleine Gazellenzwillinge." Oder: „Mein Freund ist so elegant und schnell wie ein Gazelle oder ein junger Hirsch" (vgl. Hld 4,1.5 und 2,9). Zugegeben, die Vergleiche und die Bilder sind vielleicht nicht mehr zeitgemäß, aber hättest du gedacht, dass so etwas in der Bibel steht? Das Hohelied ist ein schönes Beispiel dafür, dass die Bibel Erotik und Liebe nicht schlecht bewertet, sondern als schön und total schillernd darstellt.

Das Buch ist eine Sammlung von Liebesliedern, die als Unterhaltung zwischen zwei Liebenden geschrieben sind. Beide beschreiben die Schönheit des anderen und ihr Verlangen nach einander. Im 1. Jahrhundert nach Christus wurden diese Lieder teilweise noch in Wirtshäusern gesungen – so wie heute im Festzelt „Ein Stern, der deinen Namen trägt".

Du fragst dich, warum diese Gedichte in der Bibel stehen? Das Hohelied will zeigen, wie groß und schön Gottes Liebe zu uns Menschen ist. Dabei wird im gesamten Buch nur einmal der Name Gottes erwähnt – es war bekannt, dass auch er mit „Freund" gemeint sein kann.

Das jüdische Fest „Passah" erinnert an den Auszug der Israeliten aus Ägypten. Das wird als großer Liebesbeweis Gottes gefeiert und in der Synagoge wird jedes Mal das Hohelied quasi als Liebesbrief an und von Gott gelesen.

Falls du also mal einen wirklich originellen Text für einen Liebesbrief brauchst – schau doch einfach ins Hohelied! *[Lukas Golder]*

Gute Worte *Denn Liebe ist stark wie der Tod und Leidenschaft unwiderstehlich wie das Totenreich.* Hld 8,6
Wenn einer alles Gute in seinem Hause um die Liebe geben wollte, so könnte das alles nicht genügen. Hld 8,7

Lesetipp Hld 1 als kleiner Vorgeschmack. Am besten alles. ☺

Zuerst war ich verwundert, warum solche Texte in der Bibel stehen. Einige Sätze kamen mir etwas komisch vor, doch zu einer späteren Stelle im Buch haben sie dann wesentlich mehr Sinn für mich gemacht. Es lohnt sich also das komplette Buch zu lesen, weil es nach und nach immer neue Seiten der Liebe offenbart. **Lena, 22**

Zukunftsangst

Manchmal wünsche ich mir einen Blick in die Zukunft: Finde ich einen guten Job? Soll ich eine Ausbildung machen oder lieber studieren? Bleibe ich allein, zu zweit oder habe ich mal viele Kinder? Horoskope, Apps und Versicherungen versuchen mir die Angst vor meiner Zukunft zu nehmen. Aber: Funktioniert das?

Das Volk Israel wusste nie, was morgen kommt. Zur Zeit Jesajas war Israel ein kleiner Staat zwischen den großen Weltmächten Ägypten und Assyrien. Ständig drohte Krieg und Israel war hin- und hergerissen, wem es vertrauen soll. Einflussreiche Israeliten haben diese Unsicherheit ausgenutzt: Heimliche Bündnisse, Preistreibereien und Intrigen waren an der Tagesordnung. Jesaja sollte deshalb das Volk wachrütteln und den Menschen klarmachen, dass allein das Vertrauen auf Gott Frieden und Sicherheit bringt. Israel konnte und wollte aber nicht auf Jesaja hören – so wurde es zerstört, viele Israeliten wurden verschleppt und versklavt. Dann aber kam die Wende: Der Perserkönig Kyros übernahm die Weltmacht. Er rettete die Israeliten, erlaubte ihnen als freie Menschen nach Israel zu gehen und alles wieder aufzubauen – dafür mussten die Israeliten aber machen, was Kyros sagte. Sie mussten sich wieder entscheiden: Verlassen sie sich in Zukunft auf ihren einen Gott oder auf die Perser und ihre Götter?

Die Israeliten hatten wie ich Angst vor der Zukunft. Jesaja versucht, ihnen und auch uns Mut zu machen: Gott ist bei uns – auch in unserer Zukunft. Bei ihm sind wir sicher, er bringt uns Frieden. Darauf können wir uns verlassen. [Thorsten Kisser]

Gute Worte *Ich bin der HERR, und sonst keiner mehr, … der ich das Licht mache und schaffe die Finsternis, der ich Frieden gebe und schaffe Unheil. Ich bin der HERR, der dies alles tut.* Jes 45,5-7

Fürchte dich nicht, denn ich habe dich erlöst; ich habe dich bei deinem Namen gerufen; du bist mein! Jes 43,1

Ich wusste nicht, dass Jesaja die sozialen Missstände kritisierte. Dabei ist es unglaublich, dass er so viele Vorhersagen traf und viele davon schon Erfüllung gegangen sind. **Adrian, 15**

Lesetipp Jes 6 (Berufung Jesajas)
Jes 9,1-6 (Ankündigung des Friedenskönigs)

„Ich kann das nicht!"

Jana ist vor kurzem zur Schülersprecherin gewählt worden. Bald schon soll sie ihre Schule vertreten und vor vielen Menschen eine Rede halten. Ihr wird ganz anders, wenn sie nur daran denkt …

So fühlt sich wohl auch Jeremia wegen seines Auftrags. Er bekommt diese große Aufgabe sogar von Gott auferlegt. Das Besondere seiner Aufgabe besteht darin, dass er das Gericht nicht nur ansagen, sondern das Volk auch zur Umkehr rufen soll. Aber dem Volk sagen, was richtig und falsch ist? Das Volk hart und unerbittlich anzuklagen und zu warnen, dazu fühlt sich Jeremia eigentlich nicht in der Lage. Er macht es trotzdem.

Dass sich das Volk dann auch noch seiner Botschaft widersetzt, lässt ihn verzweifeln. Er flucht und klagt auch Gott an.

Es droht alles unterzugehen. Alle sind gegen Jeremia. Keiner will ihn hören. Dieser Prophet hat es schwer und wird mehrmals gefangen genommen.

Am Ende ist die Hauptstadt Jerusalem erobert. Die Babylonier haben die Bevölkerung ins Exil verschleppt. Der König ist gefangen, der Tempel ein Trümmerhaufen, die Stadt verwüstet und geplündert. Jeremia hat das Geschehen zwar vorausgesehen, doch jede Warnung war vergeblich. Die Katastrophe ist da. Aber sie ist nicht das Ende der Wege Gottes mit seinem Volk.

Wie alle Propheten sieht Jeremia die Ereignisse vor dem Hintergrund des besonderen Verhältnisses zwischen Gott und seinem Volk. Durch seinen Gott schöpft er Kraft und der Weg geht weiter.

[Liane Wrobel]

Gute Worte *Heile du mich, HERR, so werde ich heil; hilf du mir, so ist mir geholfen.*

Jer 17,14

Ich habe dich je und je geliebt, darum habe ich dich zu mir gezogen aus lauter Güte.

Jer 31,3

Lesetipp Jer 9,22-23 (Das rechte Rühmen) Jer 31 (Ein neuer Bund)

Ich finde es unverständlich, dass das Volk Jeremia nicht ernst nimmt, obwohl er sie nur warnen will. Er wurde gefangen genommen, nur weil er Gottes Prophezeiung berichtet hat. **Irina, 13**

Was soll der Mist?

Kennst du Tage in deinem Leben, an denen irgendwie einfach alles schiefläuft? Wenn du schon morgens weißt, dass der Tag gar nicht gut werden kann, du dich mies fühlst, dich über andere ärgerst, traurig oder wütend bist?

Genau über solche Tage berichten die Klagelieder. Die Menschen, die dort ihr Leid klagen, sind vertrieben worden, sie haben einen schlimmen Krieg erlebt, ihre Stadt ist zerstört, sie mussten flüchten und nun fernab ihrer Heimat leben. Sie leiden Hunger, sind teilweise schwer verletzt und haben geliebte Menschen verloren. Sie haben allen Grund zum Klagen und das tun sie auch.

Sie schreien aber ihr Leid nicht einfach so raus, ins Nirgendwo, sondern sie klagen ihr Leid Gott. Sie glauben fest an ihn, auch, wenn sie sich in ihrer momentanen Lage von ihm verlassen fühlen. Sie sagen ihm, dass es sich so anfühlt, als gäbe es ihn gar nicht, weil er ihnen in diesen schlimmen Momenten nicht geholfen hat. – Aber irgendwie glauben sie doch weiter an ihn und hoffen darauf, dass er sie nicht ganz im Stich gelassen hat. Sie wollen ihre Hoffnung nicht aufgeben, dass Gott doch bei ihnen ist, sie hört und ihnen noch helfen wird. Sie klagen ihm ihr Leid und bitten ihn, dass er ihnen zur Hilfe eilt.

Außerdem ist es für sie schon eine Hilfe, dass sie Gott ihr Leid klagen können. Dieses Klagen hat für sie etwas Befreiendes. Rauslassen, was frustriert, was ärgert, wütend und traurig macht, das tut richtig gut an solchen Tagen.

Egal, wie groß der Mist auch ist, die Hoffnung trotzdem nicht aufgeben, glauben, dass Gott immer bei einem ist, dass er unser Gott bleibt, auch im Leid. Das ist doch was. *[Jennifer Berger]*

> Beeindruckend finde ich, dass die Menschen, die Gott ihre Leiden mitteilen, ihn am Anfang mitbeschuldigen für die schwere Zeit, die sie durchmachen und sich dann trotzdem an ihn wenden. Sie haben keine Scheu, da sie wissen, dass es einen Grund hat, dass sie in dieser Lage sind und Gott ihnen helfen kann. **Ronja, 18**

Gute Worte *Der HERR ist mein Teil, spricht meine Seele, darum will ich auf ihn hoffen.* Klgl 3,24

Denn der HERR ist freundlich dem, der auf ihn harrt, und dem Mensch, der nach ihm fragt. Klgl 3,25

Lesetipp Klgl 3 (Klage und Trost eines Leidenden)

Just Justice

Justice, Fairness, Gerechtigkeit – das sind große und wichtige Worte. Doch irgendwie fällt es mir ziemlich schwer diese Worte mit Inhalten zu füllen. Was macht einen Menschen denn gerecht? Da erzählt doch jeder etwas anderes.

Auch der Prophet Ezechiel, der durch Martin Luthers Bibelübersetzung unter dem Namen Hesekiel bekannt wurde, beschäftigt sich im Alten Testament mit der Gerechtigkeit: Er ist von Gott beauftragt worden, die Menschen, besonders das Volk Israel, wachzurütteln, sie auf ihre Schandtaten hinzuweisen und vor Gottes Zorn zu warnen (Hes 1–3). Gott ist zornig, weil er enttäuscht ist: Das Volk Israel, das er ja auch schon aus Ägypten gerettet hat, hat ihn vergessen (Hes 16). Stattdessen hängen die Menschen fremden Göttern, falschen Propheten und Anführern an, und dabei verlieren sie Gott und ihre Mitmenschen total aus dem Blick: Keiner kümmert sich mehr um den „Gottes-Dienst", um die Armen, Hungrigen und Kranken. Jeder ist nur auf seinen eigenen Vorteil aus. Und genau das macht Gott zornig, denn gerecht ist das nicht. In Gottes Augen ist allein derjenige gerecht, der treu ist – ihm und der Gemeinschaft (Hes 14–18).

Die Menschen dürfen weiterhin auf Gott vertrauen, auch wenn sie Fehler gemacht haben, doch sollen sie zu diesen stehen, sie einsehen und sich nicht herausreden auf Kosten anderer. Gott lässt dabei keinen im Stich, sondern bestärkt jeden, seine Gerechtigkeit weiterzugeben (Hes 36) – das ist Hesekiels Botschaft.

Gott bleibt mir treu und darum kann auch ich ihm vertrauen und seine Gerechtigkeit anderen Menschen weitergeben, indem ich mich zum Beispiel anderen gegenüber fair verhalte und auch mal einen Fehler zugebe.

[Daniela Kisser]

Meiner Meinung nach ist an dem Buch sehr spannend, dass man Gott auch mal von einer anderen Seite kennen-lernt: Anders als in den meisten Erzählungen verspürt er den Menschen gegenüber Zorn, da sie sich nur noch um sich selber kümmern. Das findet Gott ungerecht, behält aber trotzdem seine Liebe zu den Menschen bei. **Daniel, 18**

Gute Worte *So wahr ich lebe, spricht Gott der HERR: Ich habe kein Gefallen am Tode des Gottlosen, sondern dass der Gottlose umkehre von seinem Wege und lebe.*

Hes 33,11a

Und ich will euch ein neues Herz … geben und will das steinerne Herz aus eurem Fleisch wegnehmen und euch ein fleischernes Herz geben. Ich will meinen Geist in euch geben und will solche Leute aus euch machen, die in meinen Geboten wandeln und meine Rechte halten und danach tun. Hes 36,26-27

Lesetipp Hes 1-3 (Hesekiels Berufung zum Propheten)
Hes 18 (Gottes Gerechtigkeit)
Hes 36 (Verheißung an Israel)

Keine Kompromisse!?

Drei Männer werden zum Tod im Feuer verurteilt. Dabei hätten sie nichts machen müssen, als vor einem Bild niederzuknien und so zu tun als würden sie es anbeten. Ob sie es wirklich machen oder nur so tun hätte keiner unterscheiden können. Aber sie wollen Gott nicht verraten. Dafür sollen sie getötet werden. Ihre Antwort ist:

„Wenn unser Gott, den wir verehren, will, so kann er uns erretten; … Und wenn er's nicht tun will, so sollst du dennoch wissen, dass wir deinen Gott nicht ehren und das goldene Bild … nicht anbeten wollen" (Dan 3,17–18). – Ihr Zeugnis ist mutig und klar. Gott ist allmächtig und größer als jede böse Macht. Er hat es wirklich verdient, geehrt zu werden.

Diese Story ist eine von vielen spannenden, die Daniel und seine Freunde erleben, während sie in einem fremden Land leben. Sie arbeiten dort am Königshof, weil sie als sehr klug gelten. Weil Daniel den König gut berät und die Gesetze hält, schätzt dieser ihn. Nur wenn ein Gesetz gegen Gottes Willen spricht, stellt Daniel sich jedes Mal dagegen.

Auch heute stehen Christen vor vielen Herausforderungen. Oft ist es schwer zu seiner Meinung zu stehen und sich als Christ zu äußern. Man weiß nicht richtig, was man tun soll bzw. tun darf und was nicht. Daniel kann dafür ein Vorbild sein – den Menschen und den Gesetzen oder Regeln treu zu sein und unseren Nächsten mit Liebe zu dienen und zu begegnen. Doch eine Sache steht darüber: Gott zu ehren und zu bekennen. Vor allen Menschen. Nicht einmal im Schein vor anderen Dingen niederknien. Bei Daniel sieht man: Allein Gott kann wirklich schützen.

[Jonas Nau]

Gute Worte *Er ist der lebendige Gott, der ewig bleibt, und sein Reich ist unvergänglich, und seine Herrschaft hat kein Ende.* Dan 6,27
Wir liegen vor dir mit unserm Gebet und vertrauen nicht auf unsere Gerechtigkeit, sondern auf deine große Barmherzigkeit.

Dan 9,18

Lesetipp Dan 3,1–30 (Die drei Männer im Feuerofen)
Dan 5,1–30 (Belsazars Gastmahl)
Dan 6,1–29 (Daniel in der Löwengrube)

Interessant finde ich, dass alles so passiert, wie Gott es will. Außerdem gefällt es mir, dass Gott diejenigen vom Tod befreit, die zu Gott stehen. **Justus, 13**

Abed-Nego

Babel

bleiben bedeuten bringen

antworten

Eisen Bild Ende

Deutung

Daniel

Fürsten ewig Erde Gebot

Gesicht gehen

Gott ganz

geben groß golden

Götter

hören heilig

Land Himmel

kommen

Hand Herr Leute

leben Menschen liegen

König

Männer

Nebukadnezar

Macht Siehe lassen Meschach

Königreich offenbaren

sagen sehen reden

Reich

Schadrach

sprechen

Tage sollen

tun stehen Traum Volk viele

Weisen

vier Wort

Zeit

Love is all around us

Eine Frau, die ständig einen neuen Lover hat, genießt meist einen sehr zweifelhaften Ruf. Sie wird bewundert, weil sie jeden haben kann, gleichzeitig aber auch verachtet: Wer sich mit der einlässt, will nichts Dauerhaftes.
Der Prophet Hosea lebte im Nordreich Israel, das nach dem wichtigsten Volksstamm dort auch Ephraim genannt wurde. Im Auftrag Gottes griff er nicht nur zu deutlichen Worten, sondern auch zu drastischen Mitteln der Veranschaulichung: Er heiratete eine Hure namens Gomer, eine Frau, die es für Geld mit Männern treibt, vielleicht sogar an einem heidnischen Tempel. Gemeinsam bekamen sie drei Kinder, denen Hosea sprechende Namen gibt: Jesreel nach einem Blutbad in der Ebene Jesreel, Kein-Erbarmen und Nicht-mein-Volk (Hos 1). Die Frau blieb weiter untreu, Hosea trennte sich von ihr, aber auf Befehl Gottes holte er sie wieder zurück (Hos 3).
Das Bild ist klar: Die Hure steht für das untreue Volk Israel, das mit einer Affäre nach der anderen den wahren Gott betrügt. Dabei war Israel früher, als das Volk aus Ägypten heraus durch die Wüste zog, Gottes einzige große Liebe. Aber im Land Israel angekommen sieht es anders aus, denn bei jeder Verführung, egal ob es um Luxus, Betrügereien oder andere Götter geht, wird das Volk schwach.
Gott hat im Buch Hosea richtigen Liebeskummer, aber er gibt seine erste große Liebe nicht auf (Hos 11), er kämpft weiter um Israel wie um jeden Menschen, den er geschaffen hat. Er gibt niemals auf, auch wenn wir ihn eine Zeit lang enttäuschen und fremdgehen.

[Thomas Ebinger]

Gute Worte *Kommt, wir wollen wieder zum HERRN; denn er hat uns zerrissen, er wird uns auch heilen, er hat uns geschlagen, er wird uns auch verbinden.*

Hos 6,1

Gott sagt: Ich habe Lust an der Liebe und nicht am Opfer, an der Erkenntnis Gottes und nicht am Brandopfer. Hos 6,6

Lesetipp Hos 11,1-10 (Gottes Liebe lässt sich nicht enttäuschen)

Es ist sehr erstaunlich, dass Tabuthemen wie Prostitution, die heute noch aktuell sind, damals schon aufgeschrieben wurden. Gott überzeugt uns mit Vergebung, Treue und Liebe.
Anna und Linda, beide 16

Zurück zum Anfang – eine zweite Chance

Eine zweite Chance, das wünsche ich mir manchmal. Wenn ich etwas total verbockt hab, dann würde ich liebend gern nochmal zum Anfang zurück und wieder von vorn beginnen. Ich hab das schon erlebt, z. B. bei meinen Eltern: Ich hatte Mist gebaut, sie haben mir verziehen und wir konnten nochmal gemeinsam neu beginnen. Genau so einen Neuanfang verkündet Joël. Er ist ein Prophet und hat von Gott den Auftrag erhalten, eine wichtige Botschaft an die Menschen weiterzugeben. Er soll den Tag des HERRN, den Tag des Gerichtes ankündigen. Diesen Tag beschreibt er sehr eindrücklich; es ist einfach nur furchtbar: Heuschrecken werden alles von den Feldern wegfressen – Obst, Gemüse, Getreide, einfach alles. Die Tiere verhungern, die Felder vertrocknen, schließlich soll ein Feuer noch alles verbrennen und die Leute können nichts tun bis auch sie vernichtet werden. Das soll Joël seinem Volk verkünden. Dabei möchte Gott gar nicht, dass das alles eintritt. Denn er liebt sein Volk und will nicht, dass es vernichtet wird. Er beabsichtigt mit der Beschreibung dieser schrecklichen Situation ja nur, dass die Leute merken, dass gerade etwas gehörig falsch läuft. Gott will sie durch Joëls Worte aufrütteln, damit die Menschen sich wieder an seine Gebote halten. Gott ist kein böser, unbarmherziger Gott. Er ist geduldig und meint es gut mit den Menschen, denn er liebt sie. Er gibt ihnen diese zweite Chance, damit sie errettet werden können. Sie dürfen nochmal von vorn beginnen, sie dürfen sich ändern. Für Gott ist niemand verloren, jeder hat die Möglichkeit zu ihm zurückzukommen. Alles zurück zum Anfang. Ich finde das genial. *[Jennifer Berger]*

Uns hat überrascht, mit welchen schlimmen Androhungen Gott die Menschen auf ihr Fehlverhalten aufmerksam machen will. Jedoch handelt er nur aus Liebe zu seinem Volk und es ist gut zu wissen, dass Gott jeden wieder auf den richtigen Weg zurückführt.
Ellen und Lena, beide 16

Gute Worte *Gott ist gnädig, barmherzig, geduldig und von großer Güte.* Joël 2,13
Wer des HERRN Namen anruft, der soll errettet werden. Joël 3,5

Lesetipp Joël 2,1–11 (Das Heuschreckenheer)
Joël 3 (Ausgießung des Heiligen Geistes)

Gerechtigkeit für die Opfer!

Manche sind immer die Opfer. Wer ganz unten ist, kommt nur schwer wieder hoch. Das bekomme ich oft mit. Das ist total ungerecht! Manchmal fühle ich mich auch selbst als Opfer. Kennst du das auch?

Der Schafzüchter Amos muss in seinen Visionen Schlimmes aushalten: Er sieht, wie in seiner Heimat und bei seinen Nachbarn das Land verwüstet, Menschen verschleppt, versklavt und missbraucht, Freundschaften gebrochen, Arme ausgenommen, mit Reichtum geprahlt und das Recht verdreht wird. In diesen Visionen hält Gott über Israel und seine Nachbarn Gericht. Er will ihre Verbrechen nicht hinnehmen und kündigt Strafen an: Feuer, Krieg, Katastrophen und Gefangenschaft werden Amos in eindrücklichen Bildern vor Augen geführt. Amos kann nicht anders, er muss von diesen Visionen erzählen. Er tritt wie ein brüllender Löwe auf und versucht, die Menschen umzustimmen. Er schreit laut gegen das Unrecht an, er will alle darauf aufmerksam machen. Amos macht mit Worten und Bildern deutlich, dass Gott gegen Ungerechtigkeit vorgeht und den Armen und Schwachen zu ihrem Recht verhilft. Deshalb glaube ich, dass Gott auch für unser Recht eintritt. Wir sind ihm nicht egal, keiner darf zum Opfer werden. Gott will, dass auch wir füreinander da sind, besonders für die Schwachen, dass Recht und Gerechtigkeit verwirklicht werden. Daran will ich mich orientieren. Ich vertraue darauf: Wenn wir uns an Gott orientieren und für Gerechtigkeit einstehen, dann wird die Hoffnungsbotschaft von Amos wahr: Es wird uns allen gut gehen. *[Thorsten Kisser]*

Gute Worte *Zur selben Zeit will ich die zerfallene Hütte wieder aufrichten.* Am 9,11 *Siehe, es kommt die Zeit, spricht der HERR, dass man zugleich ackern und ernten, zugleich keltern und säen wird. Und die Berge werden von süßem Wein triefen, und alle Hügel werden fruchtbar sein.* Am 9,13

Lesetipp Am 3,1-8 (Wenn Gott redet, kann niemand schweigen) Am 9,11-15 (Hoffnung in der Zukunft)

Ich wusste nicht, dass Gott so viel Böses mit den Israeliten gemacht hat, obwohl dies sein auserwähltes Volk ist. Aber toll fand ich, dass über „Gutes" sowie „Böses" gesprochen wurde. **Jasmin, 14**

Ein klarer Fall von Mobbing – ein klarer Fall für Gott

Stellst du dir auch manchmal vor, wie es wäre, wenn du in einer anderen Welt leben würdest? In einer besseren, gerechteren, schöneren? Ich wünsche mir das oft.

In dieser Welt gäbe es z. B. kein Mobbing. Niemand müsste Angst haben, dass er von angeblichen Freunden in die Pfanne gehauen wird, dass er gehänselt, gemobbt wird.

Sowas gibt's aber leider schon seit tausenden Jahren und davon berichtet das Buch Obadja: Das Volk Israel hat es ganz schön schwer. Es wird vom eigenen Brudervolk, den Edomitern, tyrannisiert und leidet ziemlich unter der Ungerechtigkeit, sie werden verachtet und schlecht behandelt. Nun aber kommt die Botschaft, die die Israeliten hören sollen und die ein bisschen so ist, wie das Versprechen auf eine bessere Welt. Es wird ein Tag kommen, das verkündet der Prophet Obadja, an dem das Volk Israel nicht mehr leiden muss, es wird dann ganz sein, heil sein. Der Tag des Heils für Israel. Obadja verkündet die Rettung Israels. Diese Rettung ist der Tag des Herrn. An dem Tag, an dem Gott die Herrschaft wieder übernehmen wird, an dem Tag wird auch Schluss sein mit der schlimmen Lebenssituation der Israeliten. Sie werden gerettet werden. Gerettet von Gott und sie müssen nicht länger unter den Ungerechtigkeiten der anderen Völker leiden. Das Volk wird wieder ganz sein, das verspricht Gott ihnen.

Das ist doch mal eine Botschaft: Gott greift ein, um die Schwachen zu retten, die ihr Land verlassen mussten und unterdrückt waren. Sie sollen wieder frei leben dürfen, ihnen soll es wieder gut gehen. Gott lässt das Volk nicht im Stich, er greift ein und es wird wieder besser für sie. Gott macht sich stark für die, die gemobbt werden. Wow!   *[Jennifer Berger]*

Ich wusste nicht, dass Obadja zu den Propheten gehörte, die das israelischen Volk vor heidnischen Bräuchen, sozialer Ungerechtigkeit und einer Vernachlässigung des Gottesdienstes warnten und deren Prophezeiungen in Erfüllung gingen, indem Israel verwüstet wurde. **Oskar, 15**

Gute Worte *Aber auf dem Berg Zion werden Gerettete sein und er soll heilig sein.* Obd 1,17
Und die Königsherrschaft wird des HERRN sein. Obd 1,21

Lesetipp Obd 1,15-21 (Die Rettung Israels)

Berg Zion Städte
spricht der HERR Edom
HERR Heiden
Gebirge Esau
Jerusalem führen kommen Zeit ausgerottet besitzen
Jammer
Bruder
sehen Haus
herab Jakob
Esau

Mitleid oder Recht?

Manchmal ist es gar nicht so einfach, Mitleid mit jemandem zu haben, barmherzig zu sein, vor allem, wenn es bei mir selbst gerade auch nicht so läuft, wie ich es gerne hätte. Mit dieser schwierigen Aufgabe muss sich auch der Prophet Jona beschäftigen. Er hat von Gott eigentlich den Auftrag erhalten, der Stadt Ninive ihren Untergang mitzuteilen. Doch Jona will diese Nachricht nicht überbringen und flieht vor Gott. Schließlich landet er in einem Fischbauch (Jon 1). Dort wendet er sich in einem Gebet an Gott (Jon 2) und der bekommt ein weiches Herz. Er rettet Jona und beauftragt ihn erneut, Ninive die Unheilsbotschaft zu überbringen. Dieses Mal predigt Jona: „Noch vierzig Tage, so wird Ninive untergehen" (Jon 3,4). In Zukunft wollen die Bewohner Ninives jetzt aber auf Gott hören und nicht mehr gegen ihn handeln. Gott sieht, dass es die Menschen ernst meinen und hat Mitleid. Er verschont Ninive.

Ich finde ja, dass das eine erfreuliche Reaktion auf Jonas Unheilsbotschaft ist. Doch Jona kann sich darüber gar nicht freuen. Er schämt sich und will lieber sterben, weil seine Worte nicht wahr wurden. Er schimpft mit Gott, weil er Ninive nicht zerstört hat. Jona zeigt im Gegensatz zu Gott überhaupt kein Mitleid. Doch Gott macht Jona klar, dass ihm viel an den Menschen in Ninive liegt und er sich über ihre Reaktion freut (Jon 4). Jona soll nicht zornig sein, denn Ninive zu zerstören wäre viel einfacher gewesen, als den Menschen Liebe entgegenzubringen, obwohl sie sich nicht immer richtig verhalten haben …

Ich finde, die Geschichte Jonas zeigt, dass Nachgeben und Mitleid zeigen, vor allem wenn der andere seinen Fehler ja auch schon eingesehen hat, viel größer ist, als sinnlos auf seinem Recht zu beharren. So ähnlich hat das ja auch Gott in der Geschichte getan.

[Daniela Kisser]

Gute Worte *Denn ich wusste, dass du gnädig, barmherzig, langmütig und von großer Güte bist und lässt dich des Übels gereuen.* Jon 4,2

Lesetipp Jon 2 (Jonas Gebet im Fischbauch) und Jon 4 (Jonas Unmut und Gottes Antwort) Das Buch Jona hat nur 4 Kapitel, es lohnt sich, die gesamte Geschichte zu lesen.

Ich finde es überraschend, dass Jona versucht, vor Gott zu fliehen, obwohl er doch eigentlich wissen müsste, dass Gott überall ist. **Lisa, 16**

Fair-handeln! Hinschauen statt wegschauen

Flüchtlinge werden wie Tiere behandelt. Mobbing ist alltäglich und manche Menschen denken wohl, sie könnten sich alles erlauben. Ich möchte laut „Stopp" schreien und die Leute um mich herum wachrütteln. Sie sollen doch endlich mal hinschauen und sehen was da für ein Mist läuft: Den einen geht es auf Kosten der anderen gut und sie können sich scheinbar alles erkaufen – aber muss ich mich damit abfinden? In einer Vision sieht der Prophet Micha, dass Gott bald Gericht halten wird: Die Mächtigen und Reichen, die parteiischen Propheten und die bestechlichen Amtsträger werden dabei bestraft. Ihnen sind Gottes Gebote, die Menschenrechte und Menschenwürde gleichgültig. Darum fordert Micha dazu auf, wie bei einer Beerdigung Klagelieder zu singen. Er sieht aber auch einen Neuanfang. Die Menschen werden von Gottes Gerechtigkeit fasziniert sein. Sie werden ihre Waffen vernichten oder zu Werkzeugen schmieden. Sie werden von überall her auf den Berg Zion reisen, dort wird ein neuer König sein. Dieser König wird in Bethlehem geboren und unter ihm werden alle Menschen in Frieden und Gerechtigkeit leben. Dann braucht sich keiner mehr zu fürchten.
Die Botschaft von Micha fasziniert mich und macht mir Mut: Ich kann etwas gegen den Mist unternehmen. Ich kann die Leute darauf aufmerksam machen und die Schwachen unterstützen. Dabei weiß ich, dass Gott auf unserer Seite ist. Das nimmt mir die Angst vor den Mächtigen und schenkt mir Hoffnung! [Thorsten Kisser]

Ich finde die Gerechtigkeit Gottes wirklich bemerkenswert. Was mich hier beeindruckt ist, dass Gott nicht nur die Schwachen unterstützt, sondern die Mächtigen zugleich bestraft. **Natalie, 17**

Gute Worte *Sie werden ihre Schwerter zu Pflugscharen und ihre Spieße zu Sicheln machen. Es wird kein Volk wider das andere das Schwert erheben, und sie werden hinfort nicht mehr lernen, Krieg zu führen.* Mi 4,3
Es ist dir gesagt, Mensch, was gut ist und was der HERR von dir fordert, nämlich Gottes Wort halten und Liebe üben und demütig sein vor deinem Gott. Mi 6,8

Lesetipp Mi 2 (Anklage gegen die Mächtigen)
Mi 4 (Das kommende Friedensreich Gottes)

strafe muss sein –
muss strafe sein?!

Wer Mist baut, muss mit den Konsequenzen leben und wer sich nicht an Regeln hält, muss mit Strafe rechnen. Das gilt für alle: egal, ob du in der Schule den Unterricht störst und deshalb Nachsitzen oder ob du im Kaufhaus etwas mitgehen lässt und deshalb Sozialstunden ableisten musst. Verantwortungsloses Handeln wird bestraft, jedenfalls sollte es so sein.

Um Strafe geht es auch bei Nahum. Er war ein Prophet, also jemand, der einen direkten Draht zu Gott hatte und den Menschen Botschaften von Gott weitergegeben hat. Gott hatte eine Nachricht für die Bewohner von Ninive, einer Stadt im heutigen Irak. Und zwar keine gute. Die Bewohner von Ninive haben sich verantwortungslos und menschenverachtend verhalten: Sie haben gemordet, geraubt und gelogen. Sie waren sogar der Ansicht, dass sie das größte und mächtigste Volk der Erde sind.

Aber: Hochmut kommt vor dem Fall – und dieser Fall war tief. Die große und mächtige Stadt Ninive wurde zerstört und alle Bewohner über den ganzen Erdball vertrieben.

Gott hat die Verantwortung für die Menschen und ihr Handeln übernommen. So wie sich Eltern, Lehrer und Richter darum kümmern, dass Regeln eingehalten werden und sich ihre Schützlinge verantwortungsvoll verhalten, so kümmert sich Gott um jeden Menschen. Deshalb hat Gott den Menschen Regeln gegeben, an denen sie ihr Verhalten ausrichten können. Sie geben Orientierung, wenn man unsicher ist.

Und manchmal muss Strafe sein: Sie schützt vor weiterem Übel und sie kann die letzte Chance auf Veränderung sein. [Philipp Kohler]

Ich finde es zwar gut, dass Gott Gerechtigkeit walten lässt, aber dass Gott so zerstörerisch sein kann, das ist mir neu. Man spricht auch immer von ihm als „lieber Gott". Dann hätte er sie doch auch weniger schlimm bestrafen können.
David, 14

Gute Worte *Der HERR ist gütig und eine Feste zur Zeit der Not und kennt die, die auf ihn trauen.* Nah 1,7

Lesetipp Nah 1,2-8 (Gott als leidenschaftlicher und gerechter Richter)

Unfair

„Das ist voll unfair! Warum denn immer ich? Warum trifft es nicht mal die anderen?" Bestimmt kannst du dich an Situationen erinnern, in denen du das auch mal gedacht hast.

Im Buch Habakuk wirft ein Mann sowas Ähnliches Gott an den Kopf: „Warum trifft es immer nur die Frommen, also die, die an Gott glauben? Und den Ungläubigen, die ungerecht leben und nur an sich denken, geht es gut? Das kann doch nicht sein. Das ist doch ungerecht!"

Wer ist der Mann, der Gott so angeht? Er heißt Habakuk und hat um das Jahr 600 v. Chr. gelebt. Er muss wohl eine ordentliche Sauklaue gehabt haben, denn als Gott Habakuk seine Antwort auf die Anklage diktiert, betont Gott extra, dass Habakuk schön schreiben soll, damit es die anderen auch lesen können (Hab 2,2). Habakuk war ein Prophet, das heißt er verkündigte Gottes Pläne auf der Erde.

Und das ist die Antwort Gottes auf die Frage nach der Gerechtigkeit: Die Ungerechten in der Welt, die nur auf ihren eigenen Profit aus sind, die wird Gott zum Scheitern bringen und sie in die Totenwelt werfen. Diesen droht Gott auch mit sogenannten „Weherufen" (Hab 2,6–30). Die Gerechten aber werden leben. Diesen Gedanken nimmt auch Paulus im Neuen Testament auf und zitiert Habakuk sogar wörtlich. Gerechtigkeit heißt also für Habakuk, nach dem Tod bei Gott zu sein. Klingt fair, oder? Habakuk findet das jedenfalls und dichtet deshalb am Ende noch ein Psalmgebet, um Gott und dessen geniale Pläne zu loben.

[Lukas Golder]

Gute Worte *Der Gerechte aber wird durch seinen Glauben leben.* Hab. 2,4
Ich will mich freuen des HERRN und fröhlich sein in Gott, meinem Heil.

Hab 3,18

Lesetipp Hab 1 und 2, wer nur einen kurzen Einblick möchte: nur 2.

Ich bewundere Habakuks Glauben und dass er auch bei allem Leid und Ungerechtigkeit trotzdem auf Gott vertraut und alles auf seine Kraft setzt. Auch ich finde es manchmal schwierig, in aussichtslosen Situationen auf Gott zu vertrauen und zu glauben, dass er uns immer hilft und uns nie verlässt. Dafür ist Habakuk ein gutes Vorbild.
Lisa, 16

Ich, Ich und nochmals Ich

Wenn's gut läuft, liegt's an mir; wenn's schlecht läuft, waren's die anderen. Bei guten Noten lag's an meiner vielen Lernerei; bei schlechten war der Lehrer schuld. In einer harmonischen Beziehung muss es an mir liegen; Trennungen sind hingegen immer die Schuld des anderen.

Ich ertappe mich oft bei solchen Gedanken: Worauf es ankommt, ist das, was mich interessiert. So richtig sympathisch ist mir dieser Egoismus aber nicht. Um den geht es auch bei Zefanja. Und zwar um den Egoismus der Israeliten. Diese leben seit einigen Jahrzehnten in Saus und Braus: Essen und Trinken im Überfluss, Reichtum an allen Ecken und Kanten und Feinde sind nirgends in Sicht. Dabei hatte es vor gar nicht allzu langer Zeit noch ganz anders ausgesehen. Damals hat Gott ihnen Kraft und Hoffnung gegeben, sich aus einer misslichen Lage zu befreien. Er hat das Land und die Bevölkerung gesegnet, Sicherheit und Wohlstand versprochen. Die Israeliten aber haben das alles vergessen. In der ganzen Welt haben sie damit angegeben, wie reich, tapfer und mutig, wie gebildet sie sind und was für ein schönes Land, was für herrliche Städte sie haben. Nicht, weil sie gesegnet sind, sondern weil sie gut sind. Deshalb hat Gott beschlossen ihnen eine Botschaft durch Zefanja zu schicken: Er wird ihren Hochmut bestrafen. Die Schwachen und Armen wird er erheben und die Starken und Reichen erniedrigen. Die Demütigen werden gesegnet und die Egoisten verflucht.

Ich finde, Egoismus ist nichts Schlimmes. Aber nur, wenn man dabei nicht vergisst, dankbar und demütig zu sein. Und man nicht aus den Augen verliert, woher der Segen kommt. [Philipp Kohler]

In dem Text geht es um den Egoismus der Israeliten und um die Vergebung Gottes. Ich finde Egoismus nicht gut, aber ich denke, jeder ist mal ein "Ego", darum ist es gut zu wissen, dass Gott einem immer verzeiht. Wenn man alles hat, was man braucht, sollte man trotzdem nie überheblich werden. **Malaika, 14**

Gute Worte *Denn der HERR, dein Gott, ist bei dir, ein starker Heiland. Er wird sich über dich freuen und dir freundlich sein, er wird dir vergeben in seiner Liebe.* Zef 3,17a

Lesetipp Zef 3,9-13 (Verheißung für das arme und geringe Volk in Israel)

Los geht's!

„Och nööööö. Keine Lust! Keine Motivation! Was bringt's?" – Kennst du das? Schwierigkeiten, die einem im Wege stehen und einen so ganz und gar hemmen?

Mit solchen Schwierigkeiten musste sich auch das Volk Israel auseinandersetzen. Nach vielen Jahren im Exil darf das Volk Israel aus der Gefangenschaft in Babylon in die Heimat zurückkehren. Aber die Heimat sieht jetzt ganz anders aus. Alles ist zerstört und verwüstet. Nicht gerade ein Ansporn für ein neues Zuhause. Der Prophet Haggai gibt in dieser Zeit Worte weiter, die ihm von Gott offenbart worden sind. Er soll den Menschen Mut machen und gegen ihre Betrübtheit angehen.

Es ist Zeit zum Wiederaufbau des Tempels in Jerusalem, der von den Babyloniern zerstört worden war. Die Menschen werden aufgefordert, mit dem Aufbau zu beginnen. Beim Statthalter Serubbabel liegt dabei eine besondere Verantwortung. Er führte die Juden aus der babylonischen Gefangenschaft und er wurde „Siegelring" genannt (Hag 1,1–2,23). An ihn besonders, sowie an den Hohepriester Jeschua, richtet sich die Botschaft Haggais. Gottes Zusage gilt: Die Mühen und die Arbeit der Menschen werden belohnt.

Los geht's. Es lohnt sich! Wow, tut das gut, Ermutigung und Erfolg zu spüren. Alles, was wir tun, ist wichtig. Wie toll ist da die Aufforderung: „Richtet euer Herz auf eure Wege!" (Hag 1,5). Fünfmal taucht es noch auf. Denken wir über unsere Wege nach. Und gehen sie im Vertrauen auf Gottes Zusage: „Denn ich bin mit euch, spricht der HERR" (Hag 2,4). Nixtun hilft nix. Packen wir's an!

[Liane Wrobel]

Gute Worte *Da sprach Haggai, der Bote des HERRN, der beauftragt war mit der Botschaft des HERRN an das Volk: Ich bin mit euch.* Hag 1,13

Lesetipp Hag 1,1-15 (Aufruf zum Tempelbau)
Hag 2,1-9 (Weissagung von der künftigen Herrlichkeit des Tempels)
Hag 2,20-23 (Serubbabel als Siegelring Gottes)

Der Text hat ziemlich viele schwierige Worte. Oft wird der Name des Propheten wiederholt. Die Menschen achten nicht auf sich, sondern leben verschwenderisch. Sie sollen den Tempel in Jerusalem wieder aufbauen. **Paul, 14**

Monat Haggai

im zweiten Jahr des Königs Darius

am vierundzwanzigsten Tage Geist

geschah das Wort des HERRN

antworten   erschüttern

sprechen Juda

Erde

spricht der HERR Zebaoth

Herrlichkeit   Volk

Haus HERR unrein

Jeschua, der Sohn Jozadaks, der Hohenpriester

Serubbabel, der Sohn Schealtiëls

kommen Prophet Haggai

Die Übrigen vom Volk

Die Comeback-Ankündigung

Stell dir vor, dein Lieblingsstar hängt seine Kariere an den Nagel. Es heißt, er habe genug von dem Rummel und will sich jetzt ganz seiner Familie widmen. Du bist enttäuscht, denn du hast sämtliche Fanartikel von ihm, warst auf mehreren Konzerten, nur, um ihm nahe zu sein. Und jetzt ist er weg. Alles umsonst.

Ein paar Monate später, da gibt es die ersten Gerüchte. Du traust der Sache noch nicht so ganz. Aber dann tritt sein Pressesprecher vor die Medien und verkündet das Unglaubliche: Dein Idol kommt zurück!

Wir machen einen Zeitsprung in das Jahr 520 v. Chr. In Jerusalem wurde vor knapp 70 Jahren der Tempel durch ein fremdes Volk zerstört. Der Tempel war *die* Wohnung Gottes. Nur dort konnten die Juden mit Gott in Kontakt treten, das heißt zu ihm beten, opfern und seine Nähe erfahren. Jetzt, wenn der Tempel zerstört ist, geht das nicht mehr. Die Juden waren enttäuscht, sauer und dachten Gott habe sie vergessen.

Aber dann kommt Sacharja. Er ist Prophet, so etwas wie Gottes Pressesprecher. Sacharja gibt das an die Öffentlichkeit weiter, was Gott ihm nachts durch einen „Übersetzungs-Engel" sagt. Und wie der Pressesprecher von deinem Star, so hat Sacharja auch ein großes Comeback zu verkünden: Der Tempel in Jerusalem soll wieder aufgebaut werden und Gott wird wieder dort wohnen, so dass die Israeliten wieder mit ihm in Kontakt treten können. Und er legt noch eins drauf: Der neue Tempel soll nicht nur für Juden sein, sondern für alle. – Was für ein Comeback!

[Lukas Golder]

Wir finden es überraschend, dass Sacharja den Tempel nicht nur für die Juden, sondern für alle wieder aufbauen will, da es der einzige Ort war, an dem die Juden zu Gott sprechen konnten. Es beeindruckt uns, dass Sacharja so viele Visionen hatte und diese auch umgesetzt hat.

Anna und Marlies, beide 16

Gute Worte *Ein jeder erweise seinem Bruder Güte und Barmherzigkeit und tut nicht Unrecht den Witwen, Waisen, Fremdlingen und Armen, und denke keiner gegen seinen Bruder etwas Arges in seinem Herzen!* Sach 7,9-10

Lesetipp Sach 8,1-19 (Die Comeback-Ankündigung Gottes)

Heiden König lassen heben Hirten
Siehe
stehen Augen Prophet

So spricht der HERR Zebaoth

gehen
besonders
Engel
sehen
Rosse Hand
Haus
Land
HERR Zebaoth Zu der Zeit
HERR sprechen
Gott mehr
sollen
sagen
groß
Völker Juda
Jerusalem
Volk ziehen
kommen

Engel, der mit mir redete
des HERRN Wort geschah

Die Standpauke

Kennst du das: Im Matheunterricht passt mal wieder fast niemand auf. Viele reden, malen oder machen sonstige Dinge. Da reißt dem Lehrer der Geduldsfaden. Es gibt eine saftige Standpauke.

Wie der Lehrer, so haut auch Maleachi im 4. Jahrhundert vor Christus auf den Tisch, wegen dem Volk Israel. Es kann nicht sein, dass das Volk versucht Gott zu täuschen, indem es Gott kranke und lahme Tiere opfert – Gott hat nur das Beste verdient! Und überhaupt, was fällt den Menschen eigentlich ein, ständig andere Frauen zu heiraten und ihr Versprechen der Treue zu brechen!

Ganz hart geht Maleachi mit den Priestern ins Gericht. Denen würde er am liebsten sämtliche Knochen brechen und Müll in das Gesicht werfen, so sauer ist er, weil sie dem Volk falsche Sachen predigen.

Wer ist eigentlich dieser Maleachi, der hier so einen Wutanfall bekommt? Maleachi heißt übersetzt „mein Bote". Er ist Gottes Bote, also ein Prophet, und hat einen Auftrag: dem Volk Israel Gottes Zorn über ihr Verhalten auszurichten und sie dazu zu bringen, dass sie sich ändern.

In euer Klasse endet der Wutausbruch des Lehrers vielleicht mit einer kollektiven Strafarbeit. Nicht so in der Bibel: Maleachi richtet dem Volk Israel aus, dass es nochmal eine Chance bekommt. Das endgültige Gericht Gottes, das die Bösen bestrafen und die Gläubigen belohnen wird, wird aufgeschoben.

Das Buch steht am Ende des Alten Testamentes und schlägt die Brücke zum Neuen Testament, indem es das Volk auf das Kommen Jesu vorbereitet.

[Lukas Golder]

Gute Worte *Euch aber, die ihr meinen Namen fürchtet, soll aufgehen die Sonne der Gerechtigkeit und Heil unter ihren Flügeln.* Mal 3,20

Lesetipp Mal 2,1-9 (Standpauke gegen die Priester)

Ich finde interessant, dass Gott im Buch Maleachi den Zehnten fordert, damit immer Essen in seinem Haus sei. Und ich wusste nicht, dass das Buch und damit das Alte Testament mit der Aufforderung endet, dass sich Väter und Söhne versöhnen sollen.
Kristian, 14

spricht der HERR Zebaoth

Israel   Opfer   Weisung   Ihr aber sprecht
         kommen   sprechen   bringen
Wer fürchten
Namen   lieb haben   tun   Gottlose
Bund Gott Herr Sehen   darum
                              Herz
         HERR   Tag
         Siehe halten

Jesus erzählt auf Erden vom Himmel

Normalerweise wird man vor denen gewarnt, die uns das Blaue vom Himmel versprechen, die behaupten es gäbe eine perfekte Welt ohne Sorgen und Nöte. Ist es das Gleiche, wenn Jesus vom Himmelreich redet, das diejenigen glücklich und selig macht, die nach seinen Worten leben?

Matthäus hat die revolutionäre Botschaft Jesu zu Reden zusammengestellt, die bekannteste davon ist die Bergpredigt. Für Jesus liegt das Himmelreich, in dem Gott herrscht, nicht in ferner Zukunft, es steht unmittelbar bevor. In diesem Reich gelten andere Regeln als die in der Welt üblichen. Den geistlich Armen gehört das Himmelreich (Mt 5,3). Den Sanftmütigen, nicht den Rücksichtslosen wird die Erde gehören. Sie werden seliggepriesen.

Weil Jesus sich nicht wehrte gegen seine Feinde, sorgten die dafür, dass er gekreuzigt wurde. Aber es ging weiter: Nach seiner Auferstehung gibt Jesus seinen Jüngern den Auftrag, in seinem Namen alle Völker zu Jüngern Jesu zu machen und sie auf den Namen des Vaters und des Sohnes und des Heiligen Geistes zu taufen (Mt 28,19). Nur weil die Jünger das ernst genommen haben, glauben auch wir heute als Christen an Gott.

Es ist nicht leicht, die Worte Jesu wirklich ernst zu nehmen, sie sind so radikal, dass viele sich gefragt haben, ob Jesus das so gemeint haben kann. Er fordert von uns nicht nur Nächstenliebe, sondern Feindesliebe (Mt 5,43–48). Das heißt: Nett sein zu Außenseitern und Leuten, die dir schaden wollen! Gott liebt alle, gute und böse Menschen, er lässt über beiden seine Sonne scheinen (Mt 5,45) – so zu leben ist ein Stück Himmel auf Erden.   [Thomas Ebinger]

> Ich habe erfahren, dass wir Christen wegen Jesu Taten heute noch an Gott glauben. Jesus hat nicht nur mit Nächstenliebe, sondern auch mit Feindesliebe gehandelt. Wenn man es schafft, so zu leben, kommt ein Stück Himmel auf die Erde.
> **Christina, 13**

Gute Worte *Selig sind, die reinen Herzens sind; denn sie werden Gott schauen.* Mt 5,8
Jesus sagt: Siehe, ich bin bei euch alle Tage bis an der Welt Ende. Mt 28,20

Lesetipp Mt 5,1-7,29 (Die Bergpredigt)
Mt 20,1-16 (Das Gleichnis von den Arbeitern im Weinberg)

Fan-Zeitung

Wenn du ein Fan von jemandem bist, zeigst du anderen deine Begeisterung, indem du Fotos, Geschichten und Aussprüche von diesem Menschen sammelst.

So haben es die ersten Christen auch gemacht: Geschichten und Aussprüche von Jesus machten schon bald nach seinem Tod die Runde. Fotos gab es damals noch nicht. Aber manche Erzählungen über ihn sind wie Bilder, wie erzählte Kunstwerke. In Wunder- und Heilungsgeschichten wird seine Bedeutung eindrücklich vor Augen geführt. Dazu kommen viele Aussprüche zu wichtigen Fragen des Lebens. Und natürlich die Geschichte von seiner Verurteilung, seinem Tod und seiner wunderbaren Auferweckung. Ungefähr 40 Jahre danach entstand aus diesem Material die „gute Nachricht" des Markus, die erste „Jesus-Fan-Zeitung" gewissermaßen: „Das Evangelium von Jesus Christus, dem Sohn Gottes". Die einzelnen Geschichten und Jesus-Sprüche sind durch eine Rahmenhandlung miteinander verbunden: Jesus zieht mit zwölf Anhängern, die seine Freunde werden, von Dorf zu Dorf. Dabei sollen sie lernen, die Sache mit Gott neu zu verstehen: „Das Reich Gottes ist herbeigekommen!" (Mk 1,15) Zur Verdeutlichung heilt Jesus viele Menschen und erzählt eindrückliche Beispielgeschichten. Er feiert mit seinen Jüngern das Passah-Fest (vgl. 2. Mose) auf eine neue Weise und sagt ihnen damit: Ich bin der, der euch wirklich frei macht (Mk 14). Dass die Jünger ihn trotzdem nicht verstehen, kannst du auch als Botschaft an dich sehen: Wenn *du* Jesus nicht auf Anhieb verstehst, dann lies diese „Fan-Zeitung" ruhig (noch) einmal!

[Herbert Kolb]

`Gute Worte` *Was hülfe es dem Menschen, wenn er die ganze Welt gewönne und nähme an seiner Seele Schaden?* Mk 8,36
Du sollst den Herrn, deinen Gott, lieben von ganzem Herzen, von ganzer Seele, von ganzem Gemüt und von allen deinen Kräften. ... Du sollst deinen Nächsten lieben wie dich selbst. Mk 12,30-31

Auch ich finde es schwierig, Jesu radikale Worte „ernst zu nehmen"! Vor allem bei der Feindesliebe (Mt 5,43-48). Trotzdem erhält man die Botschaft, dass Gott uns alle liebt und das ist schön. **Jana, 19**

`Lesetipp` Mk 14,12-25
(Das erste Abendmahl)

Haus Jakobus Boot Hand
legen Geist geschehen
anfangen Wort Mutter
unrein gehen Volk Jesus
Herz Menschen
Johannes
reden kommen Jünger
tun stehen Tage
Wer sollen mehr Sohn geben sehen
Petrus lassen
sprechen
fragen Gott sagen antworten
nehmen hören Herr fallen
Schriftgelehrte alsbald
Menge sogleich Vater
Siehe Menschensohn
Hohepriester bringen
viele gebieten wahrlich
abermals Geister
Land glauben hinein rufen
Himmel allein

Tell me a story!

Lukas schreibt sein Evangelium für seinen Freund Theophilus. Manchmal möchte man ja unbedingt etwas loswerden und seinem besten Freund oder seiner besten Freundin erzählen. So geht es auch Lukas. Keine E-Mail, keine facebook- oder whatsApp-Nachricht liegt uns vor. Es ist die Frohe Botschaft (Evangelium) von Jesus, die Lukas an seinen Freund weitergeben möchte.

Lukas berichtet schon von der Geburt Jesu. Wir kennen sie als die Geschichte, die in den Weihnachtsgottesdiensten meistens gelesen wird. Lukas stellt Jesus als besonderes Kind dar. Auch lesen wir bei ihm, dass Jesus sich besonders den ausgegrenzten Menschen zuwendet. Heute würde man sagen, den „Loosern". Jesus kümmert sich besonders um die Schwachen und Benachteiligten seiner Zeit. Um die Sünder, die Kranken, die Frauen und Kinder. Die Zuwendung zu allen Menschen steht bei Jesus im Blick. Er hält sich dabei auch nicht an Gebote, die das verbieten. Den frommen Pharisäern ist er deswegen ein Dorn im Auge. Auch die Gleichnisse Jesu haben Lukas offensichtlich beeindruckt. Manche gibt es sogar nur bei ihm. Die Gleichnisse „Vom Verlorenen" (Schaf/Groschen/Sohn) stellen den Menschen in die Mitte, der zur Umkehr gerufen wird. „Ebenso wird auch im Himmel mehr Freude herrschen über einen einzigen Sünder, der umkehrt, als über neunundneunzig Gerechte, die es nicht nötig haben umzukehren." (Lk 15,7) Jesus ist also ganz nah bei den Menschen. So auch am Ende des Evangeliums, wenn er den beiden Jüngern begegnet, die nach Emmaus laufen. Nach einer großen Enttäuschung der Kreuzigung ihres Herrn erkennen sie ihn wieder beim Abendmahl. Sie erzählen allen davon.

[Liane Wrobel]

Das Lukasevangelium ist eine sehr schöne Zusammenfassung von Jesu Leben und Wirken. Vor allem von den Gleichnissen und den Versen über die Feindesliebe kann man viel mitnehmen und daraus lernen. Denn Jesu Ethik kann man sich nur als Vorbild nehmen.
Sophie, 17

Gute Worte *Die Gesunden bedürfen des Arztes nicht, sondern die Kranken.* Lk 5,31b

Lesetipp Lk 2,1-20 (Jesu Geburt)
Lk 6,6-11 (Heilung eines Mannes am Sabbat)
Lk 15 (Gleichnisse „Vom Verlorenen")
Lk 19,1-10 (Zachäus)
Lk 13,10-17 (Heilung einer verkrümmten Frau am Sabbat)

I am who I am

Wer bin ich eigentlich? Eine Menschheitsfrage – uralt und topaktuell. Eine Frage, die jeden Menschen betrifft. Die Frage nach der eigenen Identität. Und immer wieder die Anfrage an mich: Wer bist du eigentlich? Aus echter Neugier und Interesse oder kritisch gestellt.

Wer bist du eigentlich? Diese Anfrage stellte sich auch Jesus. Ein Gott, der Mensch wird – ein Rätsel. Ein Mensch, der von Gott kommt – wie ist das zu erklären?

Mehrfach sagt Jesus im Johannesevangelium von sich: „Ich bin!" Und gebraucht dabei bestimmte Bilder und Begriffe: Als Brot des Lebens macht er satt. Als Licht der Welt bringt er für immer Licht ins Dunkle. Als Tür öffnet er den Weg zu einem Leben ohne Ende. Als guter Hirte rettet er in höchster Gefahr. Als Auferstehung und Leben garantiert er, dass der Tod nicht das Letzte ist. Als Weg und Wahrheit macht er den Weg frei zu Gott. Und als Weinstock sorgt er für gute Gemeinschaft mit bester Wirkung.

Daran zeigt sich: Jesus ist mehr als jeder andere Mensch. Er ist der Botschafter Gottes. Wie ein Botschafter tritt er in voller Vertretung dessen auf, dessen Botschafter er ist. Noch mehr: Er selbst ist Gott, Gottes Sohn, vom Vater gesandt. Um den Menschen zu zeigen, wie Gott wirklich ist.

Diesen Auftrag erfüllt Jesus bis zum bitteren Ende, das doch nicht das Ende ist: sein Tod am Kreuz. Der Spott seiner Gegner bekommt durch die Auferstehung eine andere Bedeutung. Die Erniedrigung am Kreuz wird zum Zeichen der Erhöhung. Der Hass seiner Feinde wird durch Gottes Liebe gebrochen. Durch diese Liebe bin ich, wer ich bin – von Gott für immer und ewig geliebt.

[Stefan Hermann]

Gute Worte *Jesus spricht: Ich bin der gute Hirte. Der gute Hirte lässt sein Leben für die Schafe. Meine Schafe hören meine Stimme, und ich kenne sie, und sie folgen mir; und ich gebe ihnen das ewige Leben; und sie werden nimmermehr umkommen, und niemand wird sie aus meiner Hand reißen.* Joh 10,11.27-28

Lesetipp Joh 11,1-45 (Die Auferweckung des Lazarus) Joh 20,24-31 (Vom Glauben und Sehen)

Ich finde, das Johannesevangelium ist schwer zu verstehen. Es ist sehr radikal geschrieben, da nur die, die an Gott glauben, richtig sind und eine Erwartung auf ein gutes ewiges Leben haben.
Sophia, 17

Wer gehört zu uns?

Die Leute um Peter verstehen sich echt gut, weil alle irgendwie ähnlich ticken. Sie verbringen viel Zeit miteinander. Zuerst bleiben sie nur unter sich – bis sich die Gruppe plötzlich für andere öffnet. Auch Paul gehört jetzt dazu. Aber Paul macht Probleme: Er war früher ein Feind der Gruppe. Jetzt will er die Regeln ändern. Peter kontert: Das geht doch nicht! Gerade unsere Regeln machen das Besondere an uns aus! Paul antwortet darauf: Das Besondere an uns ist, wie wir miteinander umgehen. Dass einer den anderen wirklich akzeptiert – das muss die einzige Bedingung sein!

Das Ganze ist wirklich spannend. Beim Lesen in der Apostelgeschichte bist du vielleicht selbst manchmal hin und her gerissen zwischen den Positionen von Peter und Paul aka Petrus und Paulus. Wir fühlen uns meistens dann besonders wohl, wenn die anderen auch so ticken wie wir selbst. Aber man kann sich die Menschen, mit denen man zusammen ist, ja nicht immer aussuchen. In der Schule muss man mit denen klar kommen, die da sind. In der Familie auch. Manchmal kommt jemand dazu, der so ganz anders ist als ich. Dann stellt sich die Frage: Ausgrenzen oder auf den anderen zugehen?

Paulus hat sich dafür entschieden, Grenzen zu überschreiten. Sein Lebensmotto ist: Alle Menschen sind gleich. Das Wichtigste ist, dass wir uns verstehen, auch wenn wir anders sind. Mit dieser Einstellung kommen Petrus und Paulus schließlich doch noch auf einen gemeinsamen Nenner – und erleben wunderbare Abenteuer.

[Herbert Kolb]

Ich fand es interessant zu lesen, wie es weiter ging nach Jesu Himmelfahrt. Beeindruckend war, wie viele Bekehrungen und Taufen es an einem Tag gab und wie sehr dadurch die Kraft des Heiligen Geistes deutlich wird. Toll ist auch, wie viel Gemeinschaft die Christen miteinander hatten.
Luisa, 17

Gute Worte *Sie blieben beständig in der Lehre der Apostel und in der Gemeinschaft und im Brotbrechen und im Gebet.* Apg 2,42
Man muss Gott mehr gehorchen als den Menschen. Apg 5,29

Lesetipp Apg 2,1–13 (Das Pfingstwunder)
Apg 9,1–18 (Die Bekehrung des Saulus)

Love is like the moon — beautiful and always new

Liebe ist keine Leidenschaft, die Leiden schafft. Sie ist ein Geschenk – vom ersten Augenblick des Lebens an. Schon Babys lächeln zurück, wenn man sie anlächelt. Unser Gehirn ist wie ein Spiegel. Es reflektiert auch: Emotionen. Mit Gottes Liebe fängt alles an. Ich muss ihm nichts beweisen, nichts leisten. Und wenn ich mir etwas geleistet habe, leistet er sich seine Liebe. Darauf ist Verlass. Nicht Leistung zählt bei Gott, sondern seine Liebe. Nicht das Gesetz: „Zeig mir, was du kannst!" oder: „Beweis mir erst mal, dass du mich auch wirklich liebst!". Sondern seine Liebe, die ohne Vorbedingung gilt. Sogar denen, die nichts mit ihm zu tun haben möchten.

Ist das gerecht? Nach unseren Maßstäben nicht, nach denen jeder kriegt, was er verdient – gnadenlos. Doch wenn man bei der Liebe rechnet, kommt immer nur ein Bruch heraus. Gott rechnet nicht. Er rechnet auch nicht auf. Vor Gott ist (ge)recht, wer ihm vertraut. Allein dies zählt.

Gott kommt uns entgegen, das ist der Kern des Römerbriefs. Er liebt uns schon, bevor wir irgendetwas dazu tun können. Wie bei Neugeborenen, die sich die Liebe ihrer Eltern nicht verdienen können und dies auch nicht müssen. Und diese Liebe verändert. Denn sie schafft Vertrauen. Und wirkt beispielhaft. Unsere Liebe zu Gott ist wie das Licht des Mondes. Sie mag einmal kleiner und einmal größer sein. Entscheidend ist: Das Licht des Mondes strahlt durch das Licht der Sonne. Unsere Liebe lebt im Licht der Liebe Gottes. Und die verändert sich nicht, sondern ist da, immer wieder neu – einfach so.

[Stefan Hermann]

Manchmal sind die Texte vom Paulus schon eher schwer verständlich. Gerechtigkeit durch Glaube – das ist heutzutage eigentlich schon ein bisschen absurd, aber gerade darum interessant und ermutigend. Am besten gefällt mir die Aussage: „Lass dich nicht vom Bösen überwinden, sondern überwinde das Böse mit Gutem." Röm 12,21

Marie, 18

Gute Worte *Ich schäme mich des Evangeliums nicht; denn es ist eine Kraft Gottes, die selig macht alle, die daran glauben.* Röm 1,16
Die Liebe Gottes ist ausgegossen in unsre Herzen durch den Heiligen Geist, der uns gegeben ist.
Röm 5,5

Lesetipp Röm 4,21-31 (Nur der Glaube macht gerecht)
Röm 12,1-21 (Zusammenleben im neuen Geist)

Wann ist ein Mensch ein Mensch?

Du bist ein Mensch, aber was heißt das jetzt genau? Was macht Menschsein eigentlich aus? Eine Antwort darauf zu finden, ist gar nicht so einfach, finde ich. Im ersten Brief an die Gemeinde in Korinth, den der Apostel Paulus verfasst hat, kann man einige Anhaltspunkte entdecken. Paulus schreibt z. B., dass Menschen ziemlich streitlustig sind, dass sie immer auf ihrem Recht beharren und nur ungern ihre Fehler zugeben (1. Kor 1; 3; 4). Für mich hört sich das erst mal ziemlich negativ an. Doch wenn ich ganz ehrlich bin, ist da schon etwas dran. Oder fällt es dir leicht, deine Fehler zuzugeben? Dazu gehört ganz schön viel Mut und auch Hoffnung. Hoffnung darauf, dass der andere mir verzeiht. Und daran will Paulus erinnern: Es gibt diese Hoffnung, dass dir einer verzeiht! Diese Hoffnung ist Jesus Christus, der für die Fehler der Menschen gestorben ist: Das heißt, dass Menschen eigentlich in Liebe miteinander umgehen könnten, denn Gott hat Jesus nicht dem Tod überlassen, sondern ihn auferweckt von den Toten (1. Kor 15). Dadurch hat Gott die Fehler der Menschen, den Tod und alles Schlechte überwunden, sie sollen das Leben der Menschen nicht mehr bestimmen.
Gott schenkt jedem Menschen auch eine besondere Gabe – und dabei ist jede gleich viel wert (1. Kor 12–14). Zum Beispiel kann der eine gut zuhören, der andere ist kreativ.
Mir zeigt das, dass wir Menschen unterschiedlich sind und das ist auch gut so – solange wir uns nicht besser darstellen als andere. Fehler machen und streiten ist wohl menschlich, aber mir gibt Hoffnung, dass Gott uns mit Jesus verspricht, dass die Fehler und der Streit nicht das letzte Wort haben.

[Daniela Kisser]

Gute Worte *Nun aber bleiben Glaube, Hoffnung, Liebe, diese drei; aber die Liebe ist die größte unter ihnen.* 1. Kor 13,13

Denn als Erstes habe ich euch weitergegeben, was ich auch empfangen habe: Dass Christus gestorben ist für unsere Sünden nach der Schrift; und dass er begraben worden ist; und dass er auferstanden ist am dritten Tage nach der Schrift; und dass er gesehen worden ist von Kephas, danach von den Zwölfen. 1. Kor 15,3-5

Lesetipp 1. Kor 13 (Das Hohelied der Liebe)
1. Kor 15 (Die Auferstehung Christi und der Sieg über den Tod)

Ich finde schön, was Paulus über die Liebe schreibt: dass sie der Sinn in allem ist, was wir tun, sogar unsere Fehler überwinden kann und niemals aufhört. Ein Leben ohne Liebe möchte sich, glaube ich, niemand vorstellen. **Elisa, 16**

Ego vs. Bescheidenheit

Erfolg. Ruhm. Jubel der Leute. Die Masse steht hinter mir und will mich sehen oder hören. Vielleicht habe ich eine Castingshow gewonnen, werde Schülersprecher oder gewinne sämtliche Meisterschaften in meiner Sportart. Neben Zufriedenheit und Stolz macht sich jetzt auch Arroganz in mir breit. Mein Ego wächst. Ich werde mir selbst immer wichtiger.

Damit hatte vor langer Zeit auch Paulus schon zu kämpfen. Er war ein bekannter Prediger und hat viele christliche Gemeinden gegründet. Eine davon war in Korinth. Dort diskutierte und stritt man über die verschiedensten Dinge. Wie sollte das Leben in der Gemeinde aussehen? Wenn Paulus irgendwo auftrat, versuchte er immer, nicht sich selbst, sondern Jesus Christus in den Vordergrund seiner Reden zu stellen. Er wusste, Jesus ist der, der ihn zum Reden befähigt hat. Von ihm kommt alles.

Nachdem Paulus Korinth verlassen hatte, kamen diverse andere Prediger in die Gemeinde. Geniale Redner. Sie erzählten spannend und unterhaltsam. Aber es gab ein Problem: Mit der Beliebtheit wuchs auch ihr Ego.

Manche Korinther nutzten ihre Beliebtheit und ihre Position, um sich sämtliche Vorteile zu verschaffen, die man sich vorstellen kann. In Paulus zweitem Brief an die Korinther ist genau das eines der zentralen Themen: Wie soll Gemeinde aussehen?

Nicht der Einzelne soll im Vordergrund stehen, sondern jeder Mensch soll gleichwertig sein und in der Mitte der Gemeinde, da steht allein Jesus. Dieser Ansatz ist heute genauso aktuell wie damals in Korinth. [Jonas Nau]

Obwohl der 2. Korintherbrief nicht immer leicht zu verstehen ist, sagt er sehr viel aus. Mir ist wichtig geworden, dass alles, was wir (gut) können, von Gott geschenkt ist. Wie können wir uns da selber loben? Stattdessen sollten wir Gott danken und unsere Gaben für ihn einsetzen. **Evelyn, 16**

Gute Worte *Und er hat zu mir gesagt: Lass dir an meiner Gnade genügen, denn meine Kraft ist in den Schwachen mächtig.* 2. Kor 12,9

Lesetipp 2. Kor 1,3-11 (Dank für Gottes Trost in Trübsal); 2. Kor 5,11-21 (Botschafter der Versöhnung)

Nächstenliebe – das Gesetz Christi

Gesetze und Vorschriften haben ein schlechtes Image. Wer ist schon gern fremdbestimmt?! „Muss ich das machen und warum jetzt sofort?", hast du bestimmt schon öfter nachgehakt bei Befehlen und gut gemeinten Aufforderungen.

Auch bei Paulus hat das Gesetz ein schlechtes Image, zeigt es uns doch nur, dass wir aus eigener Kraft überfordert sind, uns an die Gebote Gottes zu halten. Zumindest solange wir denken, sie kommen von außen. Der Geist ist willig, aber das Fleisch ist schwach. Paulus ist da ganz auf der Spur Jesu: Wenn wir Nächstenliebe üben und die Lasten der anderen tragen, erfüllen wir das wichtigste Gebot der Bibel: Das Doppelgebot der Liebe: aus Liebe zu Gott unsere Nächsten lieben (Gal 5,14; 6,2).

Das schließt Liebe zu mir selbst nicht aus, sondern ein. Ja, sie ist sogar Bedingung für die Liebe gegenüber anderen Menschen. Denn wie soll ich andere lieben, wenn ich mich selbst nicht leiden kann? Liebe ist unteilbar und wechselseitig.

Dass wir beim Thema Nächstenliebe oft schwach sind, weiß Paulus auch. Er nennt das „Fleisch", Trägheit der Masse. Wir überschätzen uns leicht selbst (Gal 6,3), wollen, dass andere unsere Lasten tragen. Das führt schnell dazu, dass wir uns gegenseitig wie Hunde beißen und leicht angefressen sind (Gal 5,15). Umgekehrt kommen wir weiter: Indem wir anderen helfen und erleben, dass diese Hilfe ankommt und etwas an Dankbarkeit zurückkommt. Durch die Kraft des Glaubens, durch den Heiligen Geist wächst bei uns Liebe, Freude, Friede, Geduld und Freundlichkeit – auch gegenüber uns selbst.

[Thomas Ebinger]

Ich finde gut, dass jeder das Gesetz „Du sollst deinen Nächsten lieben wie dich selbst" befolgen muss. Es wird deutlich, dass Freundschaft, Liebe, Frieden, Geduld, Güte und Treue das ist, was den Geist erfüllen soll. Ich hoffe, dass das nicht nur früher so geschätzt wurde, sondern auch heute noch.
Ilka, 14

Gute Worte *Ihr seid alle durch den Glauben Gottes Kinder in Christus Jesus.* Gal 3,26
Einer trage des anderen Last, so werdet ihr das Gesetz Christi erfüllen. Gal 6,2

Lesetipp Gal 5,13-24 (Fleisch und Geist)

Neues Leben – aber wie?

Stell dir vor: Wissenschaftler haben eine Maschine entwickelt, die allen Menschen ein neues Leben schenken kann: mit neuen Eigenschaften, Überzeugungen und Werten. Deshalb besteht nun für jeden Menschen die einmalige Möglichkeit, der zu werden, der er schon immer sein wollte. Wie würdest du gern werden wollen?

Im Epheserbrief wird ein ähnliches Ereignis beschrieben. Die Menschen aus Ephesus, einer Region im heutigen Kleinasien, haben ein neues Leben bekommen. Allerdings nicht durch eine Maschine, sondern vielmehr durch eine Person: Wer an Jesus glaubt, bekommt ein neues Leben, so der Autor. Das Tolle daran ist: Du musst dafür nichts machen. Jesus schenkt es dir, weil er es kann. Dahinter steckt eine starke Erkenntnis: Jesus ist der Meister dieser Welt und egal, was wir angestellt haben, er vergibt; er ist gnädig und er gibt jedem eine neue Chance.

Doch was nützt mir das neue Leben? Es verändert. Es gibt Orientierung und Halt. Die alten Werte, Überzeugungen und Eigenschaften werden abgestreift und man schlüpft in neue hinein. Anstatt zu lügen, heißt es, ehrlich zu sein; anstatt zu fluchen und zu toben, freundlich und gelassen zu sein und anstatt nachtragend zu sein, anderen zu vergeben.

Und wie muss ich mir das vorstellen? Vielleicht so: Der ganze alte Ballast klebt an einem wie der Dreck nach einer ordentlichen Schlammschlacht. Gottes Gnade ist wie ein riesiger Wasserstrahl, der einen reinwäscht. Übrigens: Das ist auch der Gedanke der Taufe; der alte Mensch wird untergetaucht und der neue Mensch steigt gänzlich gesäubert aus dem Wasser auf: mit neuer Einstellung, neuen Überzeugungen und Werten.

[Philipp Kohler]

Gute Worte *Zürnt ihr, so sündigt nicht; lasst die Sonne nicht über eurem Zorn untergehen.* Eph 4,26

Lesetipp Eph 2,11–21 (Die Einheit der Gemeinde aus Juden und Heiden)

Ich mag besonders die Kapitel 4–6, da Paulus hier ziemlich genaue „Anweisungen" gibt, wie wir als Christen leben sollten, also zum Beispiel wie eine Ehe funktioniert oder wie wir miteinander umgehen sollten. **Tamara, 15**

„Einer für alle, alle für einen"

„Einer für alle, alle für einen", dieses Motto gehört zu den drei Musketieren. Es könnte aber auch der Leitspruch einer Fußballmannschaft oder der Schülermitverwaltung sein. Denn viele Ziele erreicht man nur, wenn man zusammenhält. Wenn es Streit in einer Mannschaft gibt, ist sie von innen her geschwächt und ihr Gegner hat leichtes Spiel.

Dieses Motto wäre auch eine gute Überschrift für den Brief des Apostel Paulus an die Gemeinde in Philippi. Paulus will die Philipper nämlich daran erinnern, dass sie durch den Einen, durch Jesus Christus, eine Mannschaft sind. Sie glauben nämlich alle an Jesus, dass er Gottes Sohn ist, dass er für die Fehler der Menschen gestorben ist und dass Gott ihn wieder auferweckt hat und somit alles Böse überwunden hat. Sie halten daran fest, dass einer sich für alle anderen hingegeben hat und das verbindet sie alle zu einer Mannschaft und macht sie stark (Phil 2). In dieser Mannschaft ist der eine wie der andere und alle sind gleich viel wert – sie sind Schwestern und Brüder. Und zusammen haben sie die Aufgabe, genau das auch anderen Menschen zu zeigen – alle für einen: Sie sollen anderen Menschen von Jesus und seinen Taten erzählen, das Evangelium, das heißt übersetzt „die Gute Nachricht", bringen, damit auch diese sich stark und wertvoll fühlen dürfen und zu der Mannschaft Jesu gehören (Phil 3+4).

Mir macht es, wie den Philippern damals, richtig Spaß anderen von meinen Erfahrungen mit Gott und Jesus zu erzählen: Zum Beispiel habe ich mich auf meiner Tansaniareise von Gott echt begleitet gefühlt, er hat mir viele interessante Begegnungen ermöglicht. Ich habe mich in Afrika nicht alleingelassen gefühlt, denn die Menschen dort haben sich riesig gefreut, sich mit mir über ihren Glauben an Jesus auszutauschen. – Wir waren eine Mannschaft.

[Daniela Kisser]

Ich war sehr erstaunt, wie sehr sich Paulus um die Philipper sorgt und weiß, was die Gemeinde braucht. Was ich an Paulus auch gesehen habe, ist, dass es gut tun kann, das Alte mit Blick auf Gott loszulassen und etwas Neues zu beginnen mit dem Ziel, bei Gott bzw. Jesus zu sein.
Johannes, 15

Gute Worte *Denn Gott ist's, der in euch wirkt beides, das Wollen und das Vollbringen, nach seinem Wohlgefallen.* Phil 2,13
Ich vermag alles durch den, der mich mächtig macht. Phil 4,13

Lesetipp Phil 2,1-11 (Leben in der Gemeinschaft und Christushymnus)
Phil 3,1-4,9 (Warnung vor Rückfall in die Gesetzesgerechtigkeit, das Ziel und die Mahnung zur Einigkeit)

Raus aus dem Kloster!

„Ich bin weg …, raus aus allem, verzichte lieber, bevor ich diesen Mist weiter mitmache!" Nicht nur religiöse Fanatiker kommen auf die Idee, ihre guten Überzeugungen mit Gesetzen umsetzen zu wollen. Sie ziehen sich zurück, meiden alles Mögliche, um so wenigstens ihre Seele zu retten.

Irgendwie verständlich, denn der Glaube an Jesus soll sich auswirken. Deshalb verzichten diese Menschen: Manche heiraten nicht, gehen vielleicht sogar ins Kloster. Sie erinnern sich selbst in den alltäglichen Situationen: Tu dies nicht, lass das lieber, verzichte lieber …! Der Brief an die Kolosser macht solchen Menschen – und damit uns allen – klar, dass wir damit nichts retten, auch nicht uns selbst. Wenn wir auf Gott vertrauen, können wir das gern in liebevollem Verhalten gegenüber anderen Menschen sichtbar machen. Aber das, was wir von Gott hoffen, ist nicht abhängig von unserem Verhalten. Wir kommen Gott nicht näher, wenn wir auf diese Welt verzichten, denn alles, was diese Welt zu bieten hat, ist von Gott geschaffen; sein wundervolles Geheimnis für uns! Wir sollen lernen, die Gaben dieser Welt sinnvoll zu gebrauchen und einzusetzen.

Die Wissenschaft streitet übrigens darüber, ob der Brief an die Christen in Kolossä, heute eine Großstadt im Westen der Türkei, tatsächlich von Paulus stammt. Der christliche Glaube hat auf jeden Fall schon Wirkungen gezeigt am Ende des ersten Jahrhunderts n. Chr. Jetzt kommt es darauf an, den Glauben an Jesus zu leben, und zwar mitten in dieser Welt.   *[Sönke von Stemm]*

Gute Worte *So zieht an als die Auserwählten Gottes, als die Heiligen und Geliebten, herzliches Erbarmen, Freundlichkeit, Demut, Sanftmut und Geduld.* Kol 3,12 *Alles, was ihr tut mit Worten oder Werken, das tut im Namen des Herrn Jesus und dankt Gott, dem Vater, durch ihn.* Kol 3,17

Lesetipp Kol 1,15-18 (Jesus ist das Ebenbild Gottes - ein altkirchlicher Hymnus) Kol 2,16-23 (Lasst Euch von niemanden ein schlechtes Gewissen machen!)

Es ist genial und echt selten, wie Paulus handelt. Er sitzt im Gefängnis, aber anstatt sich selbst zu bemitleiden schreibt er Briefe an neu gegründete Gemeinden. Er geht genau auf die Probleme der Gemeinde in Kolossä ein und gibt ihnen alltagsnahe Tipps, mit denen sie etwas ändern können.
Charlotte, 19

Have Faith, Love and Hope

„Liberté, Égalité, Fraternité", also „Freiheit, Gleichheit, Brüderlichkeit" lautet das Motto aus der französischen Revolution. „Peace & Love" war der berühmte Slogan der 6oer-Jahre, der Zeit der Hippies. Und „Einigkeit und Recht und Freiheit" ist der inoffizielle Leitsatz Deutschlands. Häufig begegnen uns Slogans auch in der Werbung, z. B. „Just do it" oder „Nicht immer, aber immer öfter" – Ein Slogan soll in wenigen Worten eine bestimmte Grundeinstellung wiedergeben. Ein gemeinsamer Slogan kann verbinden und Zeichen einer Gemeinschaft sein, eine gemeinsame Sache zum Ausdruck bringen. Er muss kurz sein, damit man sich ihn gut merken kann. Deshalb kann er die Inhalte nur andeuten und nie vollständig erklären. Auch Christen haben Slogans und einer davon kommt auch in diesem Brief, dem vermutlich ältesten Buch des Neuen Testaments, zum Ausdruck: „Glaube, Liebe, Hoffnung". Der Apostel Paulus, der die Gemeinde von Thessalonich einige Jahre zuvor gegründet hatte, schreibt schon im ersten Satz davon: „Wir denken ohne Unterlass vor Gott, unserm Vater, an euer Werk im Glauben und an eure Arbeit in der Liebe und an eure Geduld in der Hoffnung auf unseren Herrn Jesus Christus" (1. Thess 1,3). Mit diesen drei Worten wird die Grundlage eines christlichen Lebens angedeutet: Der Glaube an den einen Gott, der uns zum Handeln bewegt. Die Liebe – vor allem die wohlwollende Nächstenliebe – die unser Handeln prägt. Und schließlich die Hoffnung, die unseren Blick und unser Handeln mit Zuversicht auf die Zukunft hin ausrichtet. Glaube, Liebe, Hoffnung. Und was könnte zu deinem Slogan werden?

[Martin Wolters]

Das Leitmotiv „Glaube – Liebe – Hoffnung" ist auch ein super Lebensmotto, nicht wahr? Ich bin beeindruckt von Paulus' enger Verbundenheit mit seiner Gemeinde. Wie ein Vater ist er für sie. Seine positive Einstellung und seine hoffnungsvolle Ausstrahlung sind wirklich besonders. So geht Gemeinschaft! **Christiane, 17**

Gute Worte *Seid allzeit fröhlich, betet ohne Unterlass, seid dankbar in allen Dingen.* (1. Thess 5,16–18) *Prüft aber alles und das Gute behaltet.* (1. Thess 5,21)

Lesetipp 1. Thess 5,12–28 (Ermahnungen und Grüße)

Bist du anderer Meinung??

„Ich habe recht!" – „Nein, ich, eindeutig." Rechthaberei und Besserwisserei nerven, aber manchmal will keiner nachgeben. Wer hat denn nun wirklich recht?

Aufregung in der jungen Gemeinde. Einige in Thessaloniki sagen: „Das Reich Gottes ist da! Jesus ist wieder da!" Andere behaupten das Gegenteil. Die Rechthaber auf beiden Seiten geben keine Ruhe.

Was ist die Empfehlung des zweiten Thessalonicherbriefes? Auch dann Frieden zu halten, wenn gegensätzliche Meinungen aufeinandertreffen. Dies soll geschehen im Namen Jesu.

Der Brief will den Glauben an Jesus stark machen und die Hoffnung auf ihn als Retter für die Welt wachhalten. Beim Warten auf das Kommen Jesu, das die ganze Welt umkrempeln wird, ist es wichtig, dass jeder seiner Arbeit nachgeht.

Paulus ruft die Menschen auf, nicht im Glauben nachzulassen. Nicht im Glauben nachlassen? Das ist gar nicht so leicht. Aber Glauben heißt Vertrauen. Vertrauen, das uns oft fehlt. Wir wollen oft nur uns selbst und unserer eigenen Meinung vertrauen. Und manchmal noch nicht mal das.

Ein friedliches Zusammenleben wollen doch alle. Aber geht das: Ein friedliches Zusammenleben ohne Rechthaberei und Besserwisserei? Gar nicht so einfach.

Suchen wir doch neue Wege des friedlichen Zusammenlebens. In Thessaloniki und auch bei uns. Suchen wir Wege, die uns zum besseren Verstehen des anderen führen. Das sind Wege, die es zulassen, dass jeder Mensch mit seiner Meinung zu Wort kommt. *[Liane Wrobel]*

Gute Worte *Aber der Herr ist treu; der wird euch stärken und bewahren vor dem Bösen.*

2. Thess 3,3

Lesetipp 2. Thess 2,1-2
(Das Kommen Christi)
2. Thess 3 (Wünsche für
die Gemeinde)

Mit der Frage, wann das Jüngste Gericht sein wird, muss sich jeder gläubige Christ einmal auseinandersetzen. Dass die Gemeinde in Thessaloniki dachte, dass diese Wiederkunft sogar schon kurz bevorstünde ist interessant, zumal wir ja nun 2000 Jahre später immer noch hoffnungsvoll warten. **Melina, 18**

Die ideale Gemeinde

„Genauso stelle ich mir Kirche vor, so muss meine Gemeinde sein!" Wer sich in einer Gemeinde engagiert, merkt, ob seine Gemeinde gut geleitet wird, ob dort ein guter Geist herrscht oder das Chaos. Wie die ideale Gemeinde aussehen soll, darüber kann man viel nachdenken und kräftig streiten. Gott sei Dank verändern sich unsere Gemeinden immer noch weiter. Denn viele Tipps, die im ersten oder zweiten Jahrhundert nach Christus passend waren, sind bei uns von neuen abgelöst. Zum Beispiel dürfen heute selbstverständlich Frauen predigen. Das sieht der Verfasser des ersten Timotheusbriefes noch anders!

Es lassen sich in diesem Brief eigentümliche Regeln entdecken, aber auch solche, die bis heute gelten und Kennzeichen von allen christlichen Gemeinden sind, zum Beispiel die Hilfe für ärmere Menschen oder die Aufteilung der Arbeit auf verschiedene Ämter. Was der Brief will, ist klar: Es soll weitergehen! Das Leben in einer christlichen Gemeinde soll nicht ein kurzes Strohfeuer sein, sondern es soll eine Ordnung geben, wie Glaube gut mit anderen geteilt und gelebt werden kann. Die christlichen Gemeinden sollen einen geordneten Weg durch die Zeiten finden, von einer Generation zur nächsten.

Der erste Brief an Timotheus ist laut Überschrift an einen Mitarbeiter des Paulus gerichtet. An der Ausdrucksweise ist aber zu erkennen, dass er aus der sogenannten „Paulus-Schule" am Ende des ersten Jahrhunderts stammt. Nachfolger des Paulus wollen mit diesem Brief all denjenigen Hilfestellung geben, die sich in einer Gemeinde engagieren. Das lohnt sich auch für dich, selbst wenn deine Gemeinde nicht ideal sein sollte.

[Sönke von Stemm]

Ich finde, dass es in der Gemeinde so viele Regeln gab, dass sie gar nicht alle zu erfüllen waren. Außerdem bin ich der Meinung, dass die Frauen damals klar unterdrückt wurden. Allerdings vermittelt die Gemeinde auch die Hoffnung auf Gott und den Glauben an Gott. Das schenkt den Menschen Trost. **Rebecca, 14**

Gute Worte *Denn es ist ein Gott und ein Mittler zwischen Gott und den Menschen, nämlich der Mensch Christus Jesus, der sich selbst gegeben hat für alle zur Erlösung.* 1. Tim 2,5-6
Kämpfe den guten Kampf des Glaubens; ergreife das ewige Leben, wozu du berufen bist! 1. Tim 6,12

Lesetipp 1. Tim 3,14-16 (Das Geheimnis des Glaubens)

Think positive!

Redensarten bringen oft wesentliche Erkenntnisse oder Lebenseinstellungen auf den Punkt. „Ist das Glas halb voll oder halb leer?" oder eben „Think positive!". Zuerst an die positiven Seiten einer Situation zu denken gibt einem die Kraft, auch mit schwierigen Situationen fertig zu werden. Genau das beabsichtigt der Apostel Paulus mit diesem Brief an Timotheus, einem wichtigen Mitarbeiter und Gemeindeleiter in der frühen Kirche. Timotheus hatte eine schwierige Aufgabe denn er leitete junge christliche Gemeinden in einer Welt, die noch nicht vom Christentum geprägt war. Die Menschen damals glaubten an die unterschiedlichsten Götter. Und im Alltag gab es vieles, was nicht den christlichen Vorstellungen entsprach: Sklaverei, Krieg, Gewalt … Mit auffallend vielen positiven Begriffen wie Liebe, Barmherzigkeit, Gnade, Gerechtigkeit oder Kraft ermutigt ihn Paulus nicht aufzugeben und dem Evangelium treu zu bleiben.

Als Christen in Europa leben wir meist nicht in frisch gegründeten Gemeinden. Unsere christlichen Wurzeln reichen weit in das erste Jahrtausend hinein. Trotzdem stehen wir als Christen einer Vielzahl von anderen Lebenseinstellungen und Religionen gegenüber, auch der Vorstellung, dass es gar keinen Gott gibt. Manch einer sieht darin eine Bedrohung oder gar das Ende der Welt. Wir können uns aber auch durch Paulus ermutigen lassen: „Gott hat uns nicht gegeben den Geist der Furcht, sondern der Kraft und der Liebe und der Besonnenheit" (2. Tim 1,7). – Eben „Think positive!" Jeder hat die Freiheit, sich für eine Sichtweise zu entscheiden. Wie entscheidest du dich? *[Martin Wolters]*

Gute Worte *Gott hat uns nicht gegeben den Geist der Furcht, sondern der Kraft und der Liebe und der Besonnenheit.* 2. Tim 1,7 *Gnade, Barmherzigkeit, Friede von Gott, dem Vater, und Christus Jesus, unserm Herrn!* 2. Tim 1,2

Lesetipp 2. Tim 1,3–18 (Treue zum Evangelium)
2. Tim 4,1–8 (Treue bis zum Ende)

Der Brief beschreibt eine Situation, wie sie jeder von uns kennt: Durch Leistungsdruck wird Stress verursacht und man fühlt sich verunsichert. Dieser Brief ermutigt einen, zu tun, was man tun möchte und dabei positiv zu bleiben. Außerdem ist der Brief gut zu lesen und schön kurz gehalten.
Carolin, 16 und Leonard, 17

Da seh' ich rot!

Bei manchen Leuten will ich nur noch schreien: So ein Unsinn! Sie tratschen, sind verbohrt und selbstgefällig. Da seh' ich rot. Doch was kann ich dagegen tun? Vielleicht erst einmal tief Luft holen und dann ganz in Ruhe nachdenken. Gute Gedanken brauchen Zeit. Titus, Bischof von Kreta, musste vor knapp 2000 Jahren ein ähnliches Problem lösen. Was tun, wenn die Leute nur noch Unsinn im Kopf haben? Die einen waren ständig besoffen und stinkefaul, die anderen haben gelästert und gemobbt; und wiederum andere haben abstruse Glaubenstheorien verbreitet. Deshalb war es für ihn an der Zeit, zu handeln. Doch wie genau?

Ein Freund hat ihm folgenden Ratschlag gegeben: „Bring ihnen Besonnenheit bei!" Heute hätte er wahrscheinlich gesagt: „Sei für sie ein Vorbild. Lebe aufmerksam, achtsam und der Situation angemessen."

Er soll sich also die Probleme seiner Mitmenschen genau anschauen. Sie deswegen aber nicht verurteilen, sondern respektieren und akzeptieren. Denn sie sind nichts anderes als er selbst: Menschen. Nicht mehr, aber auch nicht weniger.

Er soll Vorbild sein und sich so verhalten, wie Jesus es gelehrt und gezeigt hat: menschenzugewandt, fürsorglich und respektvoll. Nicht, was die Menschen wollen, sondern was Gott will, ist die Devise. Und so kann er dann sorglos und zuversichtlich sein, denn Gott schenkt ihm die nötige Kraft und Gelassenheit.

Manche Menschen machen ganz schönen Unsinn. Was aber tun? Vielleicht genau das, was Titus gemacht hat: Besonnen sein und cool bleiben und Rücksicht nehmen auf andere!

[Philipp Kohler]

Ich finde diesen Bibeltext interessant, da gut beschrieben wird, wie man sich verhalten sollte. Es werden auch ein paar Dinge aus unserem alltäglichen Leben angesprochen. Für mich ist es aber schwer verständlich, dass hier den Sündern nicht wirklich geholfen wird, obwohl Gott eigentlich die Vergebung der Sünden lehrt. **Laura, 16**

Gutes Wort *Dich selbst aber mache zum Vorbild guter Werke.* Tit 2,7 *Denn es ist erschienen die heilsame Gnade Gottes allen Menschen.* Tit 2,11

Lesetipp Tit 3,1-11 (Als Christ in der Welt)

Gleiches Recht für alle?!

Stell dir vor: In Deutschland wird die Sklaverei eingeführt. Sie soll die Wirtschaftsleistung steigern und die Arbeitslosigkeit senken. Dabei bleibt alles, wie es bisher auch ist: Schüler gehen weiterhin zur Schule, jeder kann in seiner Freizeit seinen Hobbys nachgehen und die Gesetze und Grundrechte gelten weiterhin für alle. Es gibt allerdings eine einzige Ausnahme: Die Freiheit von Sklaven ist beschränkt; sie sind nun der Besitz von irgendjemandem. Ein freies Leben ist nur dann möglich, wenn der Besitzer es erlaubt.

Stell dir weiterhin vor: Du bist Besitzer eines Sklaven, nennen wir ihn Onesimus. Nachdem er vor einiger Zeit abgehauen ist, wird er nun von einem Freund zurückgeschickt mit der Bitte ihn freizulassen. – Was machst du nun mit deinem Besitz?

Vielleicht findest du dieses Gedankenspiel ganz schön abwegig. Vielleicht sind für dich Freiheit und Gleichheit für alle Menschen selbstverständlich. Falls ja, weiter so! Frei erfunden ist die Situation allerdings nicht. Im Philemon-Brief geht es genau darum. Onesimus war der entlaufene Sklave von Philemon und Paulus der Freund, der um seine Freilassung gebeten hat. Damals war es allerdings üblich Sklaven zu halten und bei Ungehorsam zu bestrafen. Der Haken daran war jedoch: Paulus und Philemon waren beide Christen. Und eine zentrale Botschaft lautet: Alle Menschen sind gleich, egal ob Sklave oder Freier – egal wer, alle Menschen sind gleich, denn Gott macht keinen Unterschied.

Wie ist deine Geschichte ausgegangen? Hast du Onesimus freigelassen? Was Philemon gemacht hat, weiß ich nicht. Ich weiß allerdings: Alle Menschen sind gleich wertvoll, weil Gott keinen Unterschied sieht. Die Frage ist nur: Was machen wir daraus? *[Philipp Kohler]*

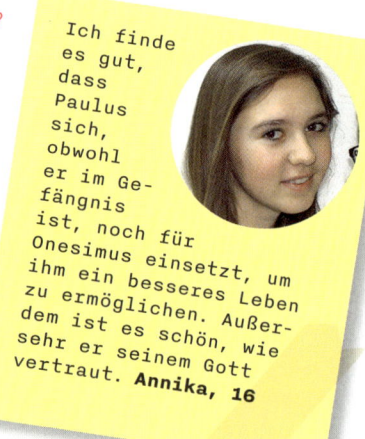

Ich finde es gut, dass Paulus sich, obwohl er im Gefängnis ist, noch für Onesimus einsetzt, um ihm ein besseres Leben zu ermöglichen. Außerdem ist es schön, wie sehr er seinem Gott vertraut. **Annika, 16**

Gute Worte *Denn ich hatte große Freude und Trost durch deine Liebe.* Phlm 1,7

Lesetipp Phlm 1,8–22 (Bitte für Onesimus)

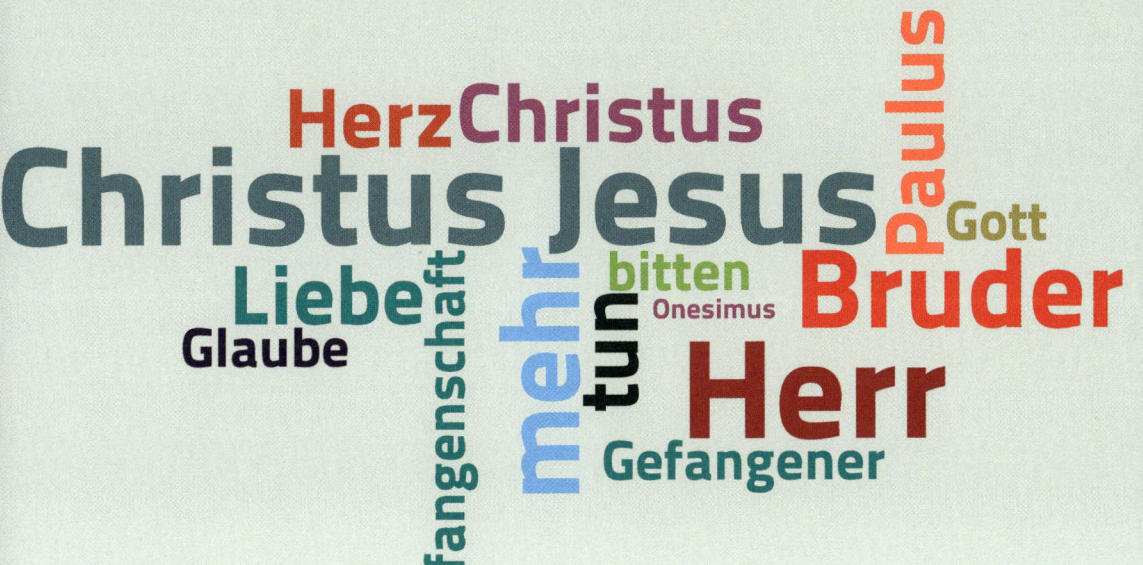

Irgendwie anders – aber voller Hoffnung!

Allein, fremd, sogar angefeindet und gemobbt – soll man da nicht einfach alles hinschmeißen? Ist doch sowieso alles egal? NEIN! Stehe zu deinen guten Überzeugungen und zu deinem Glauben. Halte an der Hoffnung fest! Sie lässt dich besonders in schwierigen Situationen stark sein. Die Hoffnung ist lebendig, aus ihr kannst du dein Leben leben!

Der erste Petrusbrief macht Christen Mut, an ihrem hoffnungsvollen Glauben festzuhalten, und zwar gerade dann, wenn man leiden muss. Der Verfasser ruft dazu auf, besonders in Notzeiten verantwortungsvoll mit sich und anderen umzugehen. Zugegeben – er beschreibt ein wenig umständlich diese Hoffnung und das Vertrauen auf Jesus, der ja auch gelitten hat. Dafür betont er aber die große Freude, die auf alle Christen wartet. Und er wird nicht müde, verschiedene Situationen zu nennen, in denen es trotz aller Unterdrückung wichtig ist, sich selbst und andere niemals aufzugeben. Haltet fest an den Idealen: kein Neid, keine Schimpfworte, kein Lästern – dafür gegenseitige Achtung, Respekt und Frieden!

Der erste Petrus-Brief ist wohl zwischen 70 und 100 n. Chr. entstanden. Doch nicht nur damals lebten Christen als „Fremde" in einer eher feindlichen Welt. Der Verfasser schickt diesen Brief an viele Adressen und macht damit deutlich: Ihr seid nicht allein! – Nicht mit eurer Not und schon gar nicht mit eurem hoffnungsvollen Glauben. Wir stärken uns gegenseitig! *[Sönke von Stemm]*

Gute Worte *Seid jederzeit bereit, jedem Rede und Antwort zu stehen, der euch auffordert, Auskunft über die Hoffnung zu geben, die euch erfüllt.*
1. Petr 3,15

Dient einander mit den Fähigkeiten, die Gott euch geschenkt hat – jeder und jede mit der eigenen, besonderen Gabe! Dann seid ihr gute Verwalter der vielfältigen Gnade Gottes. 1. Petr 4,10

Lesetipp 1. Petr 4,12-19 (Haltet durch, auch wenn ihr verfolgt werdet.)

Ich fand die Sprache etwas schwer, aber mich hat es beeindruckt, dass man aus den Texten deutlich schließen kann, dass Petrus seine Sünden bereut.
Sandra, 13

Nichts ist egal!

Frei, endlich frei – aber deshalb ohne Regeln? „Kopftuch, Schleier, nur aus Rücksicht auf andere? – Ich kann doch anziehen, was ich will, oder?" Natürlich kann man sich seinen Seelenfrieden nicht durch „heiliges" Verhalten erarbeiten oder durch passende Kleidung erkaufen. Als Christen sind wir frei von allen Fastenregeln, von irgendwelchen Kleidungs-Vorschriften und dergleichen. Gott liebt uns, das ist sein Geschenk. Zugleich haben wir aber auch die Verantwortung, uns so zu verhalten, dass wir selbst und auch andere keinen Schaden nehmen. Wir sind frei, leben aber nicht ohne Verantwortung für alles, was wir tun.

Es gibt immer wieder Christen, die „Freiheit" anders verstehen. Sie wollen sich einfach alles erlauben! Der Verfasser des zweiten Petrusbriefes wird nicht müde, solche Christen zu beschimpfen und ihnen im wahrsten Sinne des Wortes die Hölle an den Hals zu wünschen. Freiheit bedeutet für ihn Verantwortung. Denn natürlich hat unser Verhalten immer auch Konsequenzen. Alles, was wir tun, wirkt sich aus – und nichts ist egal! Daran erinnert der zweite Petrusbrief mit der alten Vorstellung vom „Jüngsten Gericht": Nach unserem irdischen Leben wartet auf uns ein neues Leben. Und für den Zweiten Petrusbrief gehören zu diesem neuen Leben eben auch die Konsequenzen für alles, was wir getan oder gelassen haben. Es wird Gericht gehalten, da ist sich der Verfasser ganz sicher.

Der zweite Petrusbrief stammt übrigens wahrscheinlich nicht vom Jesus-Jünger Petrus. Alles weist darauf hin, dass der Brief einer der jüngsten Texte des Neuen Testaments ist.   [Sönke von Stemm]

Gute Worte *Wir warten aber auf einen neuen Himmel und eine neue Erde nach seiner Verheißung, in denen Gerechtigkeit wohnt*

2. Petr 3,13

Lesetipp 2. Petr 1,5-7 (Vom Glauben zur Liebe)

Ich finde es beeindruckend, wie Petrus mit großer Begeisterung Gottes Plan unterstützt, indem er versucht den Gläubigen Mut zu machen und sie kritisiert, damit sie wieder den rechten Weg finden.
Kilian, 14

Herr und Heiland
Welt
Wahrheit
wissen
ihr Lieben
reden
Tag
Menschen
Wort
Erkenntnis
Liebe
Erde
Jesus Christus
Herrlichkeit
Himmel
kommen
Herr
geben
Gerechtigkeit
heilig
Kraft
Gott
Geduld

Mehr als nur ein Wort

Was ist eigentlich „Liebe"? Echt schwer, darauf zu antworten. Greifen kann ich sie nicht und sehen kann ich sie auch nicht, zumindest nicht so richtig. Was macht „Liebe" aus und was hat sie mit mir zu tun?

Im ersten Brief des Johannes steht: „Gott ist die Liebe". Nur ein Wort! Gott. Mit der Liebe Gottes hat alles begonnen und in Jesus Christus ist sie den Menschen begegnet. Wenn jemand Liebe erfährt, dann kann er nicht stumm bleiben, er muss sie weitergeben und von ihr erzählen. Das erlebe ich zum Beispiel, wenn jemand frisch verliebt ist. Der- oder diejenige muss dann einfach davon erzählen.

Die Liebe Gottes ist in Jesus und den Erzählungen über ihn hörbar, sichtbar und fühlbar. Wo Menschen an ihn glauben, auf seine Liebe vertrauen und sich von ihr leiten lassen, dort ist Gott – wie ein liebender Vater – bei ihnen und lässt sie – als seine Kinder – einander wichtig werden. Da kann ich seine Liebe spüren.

Wenn nicht mehr Liebe, sondern Hass, Lügen und Streit zwischen Menschen Raum gewinnen, dann gerät auch Gott aus dem Blick. Da hilft es mir dann, mich an Jesus zu erinnern – er ist ja die Liebe in Person. Zum Beispiel wird mir im Abendmahl Gottes Liebe zugesagt. Mein Leben kommt dann aus der Perspektive Gottes in den Blick – im Licht seiner Liebe. Das macht mir neuen Mut und lässt mich nach vorn schauen. Wenn ich mich auf die Liebe Gottes verlasse, dann wird mir klar, wo es in meinem Leben hingehen soll.

[Thorsten Kisser]

Der 1. Johannesbrief ist verständlich geschrieben, leicht zu lesen und trotzdem klar ausgedrückt. Gott = Liebe + Licht. Gott hat uns unendlich lieb und befreit uns durch Jesus Christus von unserer Schuld. Was könnten wir uns Besseres wünschen? Ich finde dieses Versprechen Gottes sehr ermutigend. **Annika, 16**

Gute Worte *Gott ist Licht, und in ihm ist keine Finsternis.* 1. Joh 1,5
Gott ist die Liebe; und wer in der Liebe bleibt, der bleibt in Gott, und Gott in ihm. 1. Joh 4,16

Lesetipp 1. Joh 1,5–2,7 (Leben im Licht)
1. Joh 4,7–16 (Die Liebe Gottes)

Was ist Wahrheit?

Was wahr ist und was nicht, ist manchmal echt schwer zu entscheiden. Oft funktioniert auch ein Schwarz-Weiß-Denken zwischen richtig und falsch nicht. Das Leben ist einfach zu bunt und viel zu kompliziert. Ich finde, dass manche Menschen das ausnutzen: Sie erzählen mir nur das, was ihnen nützt und wollen damit überzeugen, den Rest verschweigen sie einfach. Dann kenne ich aber nur die „halbe Wahrheit" und werde von anderen beeinflusst. Damit kann ich mir auch keine eigene Meinung bilden. Darum finde ich es besonders wichtig, selbst nachzudenken und kritisch nachzufragen.

Aber woher weiß ich eigentlich, was „Wahrheit" ist?

Nach dem 2. Johannesbrief ist „Wahrheit" das, worauf ich mich verlassen kann, was immer gilt. Gott liebt uns und wird das auch immer tun. Das hat Jesus klargemacht. Wenn das jemand anders sieht und verbreitet, ist das ein Grund, kritisch nachzufragen. Zum Beispiel gibt es Menschen, die Gottes Liebe noch nicht erfahren haben. Die können nicht glauben, dass Gott allen Menschen nah sein möchte und erzählen dann, dass es Gott nicht gibt oder dass er uns fertig machen und bestrafen möchte. Das können wir als Christen nicht so stehen lassen. Da liegt es auch an mir, ihnen zu erzählen, wie Gott in Wahrheit ist. Schließlich sprechen Christen Jesus oft als ihren „Herrn" an. Er spielt in ihrem Leben die entscheidende Rolle und sie können sich ganz auf ihn verlassen. Wenn ich an Jesus glaube, darf ich zu Gott sogar „Vater" sagen, dann bin ich von ihm geliebt und ein „Kind Gottes".   [Thorsten Kisser]

Gute Worte *Gnade, Barmherzigkeit, Friede von Gott, dem Vater, und von Jesus Christus, dem Sohn des Vaters, sei mit uns in Wahrheit und in Liebe!* 2. Joh 1,3

Lesetipp 2. Joh 1,1–3 (Anrede der Gemeinde) 2. Joh 1,4–6 (Leben in Liebe und Wahrheit)

Ich finde es interessant, wie Johannes in seinem 2. Brief das Wort „Wahrheit" aufgreift. Er schreibt, dass die Wahrheit bis in Ewigkeit mit denen sein wird, die die Wahrheit erkannt haben. Für ihn leben die Menschen in Wahrheit, die sich an die Gebote halten, in denen steht: „Ihr sollt in der Liebe leben." **Meike, 14**

leben

Gott

Jesus Christus

auserwählt

Gebot

Sohn

Herrin

Wahrheit

Kinder

bleiben

Lehre

lieben

Vater

Streiten, aber richtig?!

Wenn es Streit gibt, braucht es manchmal jemanden, der nochmal an die Regeln erinnert: „So geht das hier bei uns! Darauf haben wir uns geeinigt!" Manchmal reicht es schon zu sagen: „Keine Gewalt!" Es gibt aber auch Streitfälle, die komplizierter sind. Der Streit, um den es im 3. Johannesbrief geht: Ein Gemeindeleiter mit dem Namen Diotrepes erkennt den Briefeschreiber Johannes nicht als seinen Chef an. Außerdem unterstützt Diotrepes nicht die Durchreisenden, die den Glauben an Jesus in allen Orten der damals bekannten Welt weitergeben wollen.

Johannes ärgert sich über Diotrepes. Der soll sich wie alle Christen an „Wahrheit und Liebe" als Grundregeln eines christlichen Lebens halten. Und Gaius, dem er diesen Brief schreibt, soll sich an andere Vorbilder halten.

Wahrheit, das ist für Johannes ein anderes Wort für „in Verbindung mit Jesus stehen". Wer als Christ lebt, der vertraut darauf, dass Jesus ihn immer begleitet und für ihn da ist. Das gibt nicht nur Kraft für den Alltag. Man verhält sich auch anders und übt vor allem gegenüber anderen Christen so etwas wie geschwisterliche Liebe, zum Beispiel Gastfreundschaft.

Ob im Streit oder im Alltag. Diese „Regeln" – oder besser Kennzeichen für christliches Leben – sollen für alle gelten: Lebe so, dass man dein Vertrauen auf Gott und deine Verbindung mit ihm und anderen in der Gemeinde erkennt!

[Sönke von Stemm]

Ich finde es beeindruckend, wie die Brüder miteinander umgehen und sich gegenseitig um einander kümmern, egal ob sie einander fremd sind. Niemand soll von der Gemeinde ausgeschlossen werden. Mir gefällt dieser Bibeltext und der Wunsch nach Wahrheit und Frieden sehr gut.
Carla, 17

Gute Worte *Ich habe keine größere Freude als die, zu hören, dass meine Kinder in der Wahrheit leben!* 3. Joh 1,4

Lesetipp 3. Joh 1,9–11 (Streit in den ersten Gemeinden)

Jetzt erst recht!

Gesagt ist gesagt! Wer einmal eine Entscheidung getroffen hat, der sollte auch dazu stehen. Aber – gilt das auch, wenn echter Ärger droht, vielleicht sogar Gewalt und Folter? Das ist keine leichte Entscheidung! Der Hebräerbrief will Mut machen. Er ruft alle dazu auf, zu ihrem christlichen Glauben zu stehen, gerade wenn es schwer wird. Durchhalten, nicht aufgeben, trotz allem!

Klar, damals im ersten Jahrhundert hatte es vielleicht tatsächlich Vorteile, wenn man behauptet hat, dass man ein Jude ist und eben kein Christ. Die Juden standen unter einem gewissen Schutz im römischen Reich. Und als die ersten Christen verfolgt wurden, kehrten einige wieder zum jüdischen Leben zurück. Von dort waren sie ja auch gekommen.

Aber: gesagt ist gesagt! Für den Hebräerbrief hängt viel zu viel davon ab: Die Ruhe, der Frieden, nach dem sich alle sehnen, den gibt es nicht mit dem „alten" Glauben. Wenn du dich für den christlichen Weg entschieden hast, gib es nicht wieder auf, egal was kommt. Darum erzählt und erläutert der Hebräerbrief ausführlich, dass ein Glaube ohne Jesus letztlich nicht zum Ziel führt. Sich gegenseitig Mut machen, und dabei Glaube, Hoffnung und Liebe leben, darum geht es jetzt – gerade in Zeiten von Not und Verfolgung!

Der Hebräerbrief ist eine Mischung aus Brief und Predigt. Absender oder Empfänger werden nicht genannt. Der Verfasser wendet sich aber wohl vor allem an Christen, die früher Juden waren und denen die Geschichten und Texte aus dem Alten Testament vertraut sind.   [Sönke von Stemm]

Gute Worte *Lasst uns festhalten an dem Bekenntnis der Hoffnung und nicht wanken; denn er ist treu, der sie verheißen hat.* Hebr 10,23
Es ist aber der Glaube eine feste Zuversicht auf das, was man hofft, und ein Nichtzweifeln an dem, was man nicht sieht. Hebr 11,1

Lesetipp Hebr 11 (Was der jüdische Glaube bewirkt hat) Hebr 12 (Was der christliche Glaube bewirken soll)

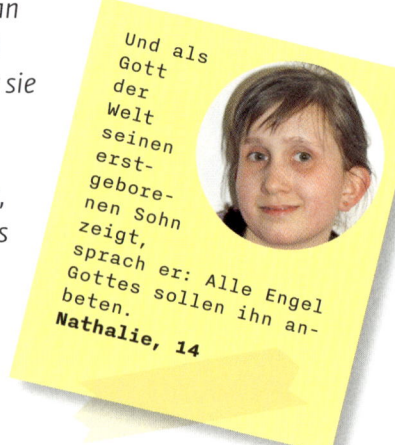

Und als Gott der Welt seinen erstgeborenen Sohn zeigt, sprach er: Alle Engel Gottes sollen ihn anbeten.
Nathalie, 14

Abraham

Blut

bringen

darum

Brüder **Christus**

Glaube ewig

Gesetz empfangen geben

Haus

Gott

Jesus

nehmen leben

Mose lassen Hohepriester kommen mehr Psalm

Opfer

Melchisedek

sehen sagen Priester

Ruhe Stiftshütte

reden

Sohn

Volk tun Welt

Wort Sünde Durch den Glauben

sollen sprechen

Tu was!

Stell dir vor, du wirst in die Fußballnationalmannschaft berufen. Der Bundestrainer hat angerufen und will dich unbedingt im Kader für die nächste WM haben. Als du dann auf dem Platz stehst, bewegst du dich aber kein bisschen. Jedes Spiel stehst du mitten im Stadion und tust gar nichts. Nur zuschauen und den Fans lauschen. Kannst du dir das vorstellen?

Wohl eher nicht. Das würde kein Fußballspieler so machen. Ein Platz in der Nationalmannschaft hat normalerweise nicht zur Folge, dass man sich darauf ausruht. Vielmehr gibt man Vollgas auf dem Platz, weil man sich so freut, dabei zu sein. Selbst wenn man gerade nicht 100% geben kann, bringt man sich trotzdem ein – so gut es eben geht.

Einfach nur rumstehen, das sollte kein Fußballspieler machen. Und einfach nur rumhängen sollte auch kein Christ. Genau darum geht es Jakobus. Er hat zur Zeit Jesu gelebt und nach dessen Tod einen Brief an die Gläubigen rund um Israel geschrieben, in dem er sagt, dass man sich nicht auf der Rettung durch Jesus ausruhen soll. Allein durch den Glauben an Jesus wird ein Mensch gerettet, das stimmt. Aber Jakobus sagt, der Glaube hat eine automatische Folge. Wie kein Mensch auf dem Fußballplatz steht ohne irgendwas zu tun, kann eigentlich auch kein Mensch Christ sein, ohne dass dies Auswirkungen auf sein Leben hat.

Glaube ist direkt mit der Nachfolge verbunden. Das tun, was Jesus getan hat. Versuchen das zu halten, was er gepredigt hat.

Nur Glaube, ganz ohne Taten, sagt Jakobus, das geht nicht.

[Jonas Nau]

Ich finde es sehr spannend und bewundernswert, wie Jakobus mit seinem Brief trotz allem versucht hat, das Evangelium zu verwirklichen. Durch diesen Brief wird einem klar, dass nicht nur der Glaube an Jesus einen Menschen rettet, sondern der Mensch auch aufgrund seiner Werke gerecht wird. **Kristina, 16**

Gute Worte *Seid aber Täter des Worts und nicht Hörer allein.* Jak 1,22
Des Gerechten Gebet vermag viel, wenn es ernstlich ist. Jak 5,16b

Lesetipp Jak 1,2-12 (Der Christ in der Anfechtung)
Jak 2,14-26 (Der Glaube ohne Werke)
Jak 5,13-18 (Das Gebet für die Kranken)

Führt Gnade zu Anarchie?

Mach, worauf du Bock hast. Egal, ob du unter 18 harten Alkohol trinkst, im Kaufhaus was mitgehen lässt, ob du andere mobbst oder verprügelst – mach, was du willst. Es wird dir vergeben. Du musst keine Strafe fürchten. Na, wie wäre das?

Ich finde diese Vorstellung schrecklich. Anarchie – nur noch schlimmer. Wer sagt denn, dass es dann bei ein bisschen Alkohol oder dem Klauen eines Schokoriegels bleibt und nicht bald mit Raub, Vergewaltigung und Mord weitergeht? Deswegen sind Gesetze und Vorschriften wichtig; deshalb braucht es Leute, die für ihre Werte und Überzeugungen eintreten. Und solche Leute bewundere ich.

Einer davon ist Judas, ein Freund von Jesus, ein Namensvetter von Judas, dem Verräter. Sein Brief gleicht eher einer Streitschrift. Einige seiner Freunde haben angefangen, neue Werte und Überzeugungen zu vertreten. Diese waren in völligem Widerspruch zu den alten. Deshalb kam die Streitfrage auf: Welche Folgen ziehen wir aus der Gnade Gottes? Gottes Gnade heißt für Judas: Gott ist der Boss; er entscheidet über meine Taten. Und: Gott vergibt mir, egal, was ich gemacht habe. Seine Gegner behaupten nun: Wenn Gott mir sowieso alles vergibt, dann kann ich doch auch machen, was ich will. Damit ist die Lebensmitte aber nicht mehr Gott, sondern der Mensch selbst. Das ist Judas ziemlich aufgestoßen. Er ist vielmehr der Ansicht: Gott sollte der Lebensmittelpunkt sein. Und wenn Gott der Mittelpunkt ist, dann gehört es auch dazu, nach seinen Geboten zu leben. Mach, wozu du Bock hast? – Das ist keine Alternative! [Philipp Kohler]

Gute Worte *Ihr aber, meine Lieben, erbaut euch auf euren allerheiligsten Glauben und betet im heiligen Geist, und erhaltet euch in der Liebe Gottes und wartet auf die Barmherzigkeit unseres Herrn Jesus Christus zum ewigen Leben.* Jud 1,20–21

Lesetipp Jud 1,3–19 (Gottes Gericht über die Irrlehrer)

Ich finde es interessant, dass auch schon damals klare Gesetze und Richtlinien das Leben beherrscht haben. **Ellen, 16**

Science-Fiction in der Bibel

Ein Feuerball schießt von rechts auf dich zu. Er kommt näher. Du hörst Donnergrollen. Wumps – der Feuerball schlägt neben dir ein. Um dich herum steigt beißender Rauch auf. Die Erde liegt in Schutt und Asche … Das klingt wie ein neuer apokalyptischer Science-Fiction-Film aus Hollywood. Steht aber in der Bibel.

Ein Mann mit dem Namen Johannes hatte ca. 90 Jahre nach Christus auf einer Insel im Mittelmeer einen Traum. Johannes war Seher von Beruf und hat mit dem Johannesevangelium oder den Briefen des Johannes aus der Bibel nichts zu tun. Er bekam in seinem Traum eine Offenbarung Gottes, das heißt Gott zeigte ihm seine Zukunftspläne für die Welt. Apokalypse kommt im Übrigen aus dem Griechischen und heißt Enthüllung. Für die damaligen Christen war das sehr wichtig zu wissen wie es weitergeht, denn viele Christen wurden verfolgt und mussten um ihr Leben fürchten. Viele Christen waren deprimiert, weil Jesus auf sich warten ließ. Dabei hatte er doch versprochen, bald wiederzukommen, um die Welt zu richten und die Christen mit in dem Himmel zu nehmen.

In dieser Situation hat Johannes seinen Traum und er schildert, wie er es sich vorstellt, wenn Jesus wiederkommt. Johannes will, dass die Menschen gerettet werden, deshalb teilt er seinen Traum mit anderen.

Die Offenbarung will also nicht einen genauen Ablaufplan für das Ende der Welt sein, sondern will die Christen trösten und ihnen Mut machen, eine bessere Welt zu träumen und zu leben. Im Gegensatz zu den apokalyptischen Weltuntergangsszenarien, die sich von Offenbarung der Bibel inspirieren lassen. *[Lukas Golder]*

Gute Worte *Und Gott wird abwischen alle Tränen … und der Tod wird nicht mehr sein, noch Leid, noch Geschrei noch Schmerz wird mehr sein.* Off 21,4

Lesetipp Off 8-9 (Besser als jeder Science-Fiction-Roman, aber wenig erbaulich.)

Ich finde es erstaunlich, wie groß die Macht Gottes ist. Ich bin mir aber nicht sicher, ob es ein Traum oder Wirklichkeit ist. Ich glaube, Gott wollte der Menschheit zeigen, dass er existiert und wie groß seine Macht ist. Doch am Ende des Textes glauben die überlebenden Menschen immer noch an andere Götter und nicht an Gott.
Anna, 15

Buch Dem Engel der Gemeinde

Augen geben gleich Blut

dritter Teil

Engel

Ewigkeit Erde

golden

Feuer

Gott

Frau

Herr Heilige ich hörte

groß Jesus

Menschen Macht

kommen

Namen Himmel

Lamm Posaune Könige

Meer schreiben sagen sehen

leben Tempel

sieben

sollen

sprechen

Stimme Thron

stehen Siehe Stadt

Und ich sah

tun

Wort Völker Tier wohnen Zorn

vier Gestalten

Wer Ohren hat, der höre, was der Geist den Gemeinden sagt

zwölftausend aus dem Stamm

Nachwort

Du hast wahrscheinlich schon einige Tagclouds im Internet gesehen. Dort verbreitet sich die Methode schon seit über 10 Jahren
und man findet sie auf vielen Webseiten und Blogs. Es gibt sogar
schon mehrere kostenlose Webprojekte, die das Erstellen von eigenen Wortwolken kinderleicht machen – probiere am besten mal
www.wordle.net aus. Was ist also so besonders an diesem Bibel-
cloud-Projekt? Warum wurden bereits tausende Bücher verkauft?
Warum nutzen hunderte Mitarbeiter aus Schule und Gemeindear-
beit Bibelclouds in ihrer Arbeit? Jeder kann doch den Text der Bibel
nehmen und durch eine Wordcloud-Maschine jagen.

Nun, wie sagt man doch so schön: „Der Teufel steckt im Detail."
Das Erstellen von Wortwolken erfordert nämlich zwei spezielle
Schritte: Zunächst die Analyse eines Textes und dann die Zusam-
menstellung der unterschiedlich großen Wörter zu einer Grafik. Die
üblichen, einfachen Computerprogramme reichen für ein Projekt
wie die Bibelclouds nicht aus. Deshalb habe ich eigene Soft-
waremodule geschrieben, die ganz speziell auf die Besonderheiten
der Bibel-Texte und des Bibelcloud-Projektes zugeschnitten sind.

Die Bibelclouds-Analyse entfernt nicht nur bedeutungslose Füll-
wörter wie z. B. Artikel (der, die, einer …), Konjunktionen (und,
oder, doch …) und Präpositionen (an, in …). Sie führt Begriffe auch
auf ihre Wortstämme zurück, d. h. Verben auf ihre Grundformen
(sagen, hören, kommen …) oder Substantive auf den Nominativ
(z. B. „König", „Land" oder „Tempel" statt „Königs", „Landes", „Tempels"). Außerdem werden von der Bibelclouds-Software auch spezielle Phrasen erkannt, die eine besondere Bedeutung haben, z. B.
„Tochter Zion" (statt „Tochter" und „Zion") oder „so spricht der HERR"
(statt „HERR" und „sprechen").

Bei der grafischen Anordnung werden dieselben Wörter in den
unterschiedlichen Bibelclouds immer mit derselben Farbe dargestellt. Und für Bücher aus derselben Buchgruppe werden dieselben
Hintergrundfarben genutzt. Außerdem richtet sich die Anzahl der
Wörter in einer Bibelcloud nach der Anzahl aller Wörter im entsprechenden biblischen Buch.

„Ausnahmen bestätigen die Regel", das gilt auch für Bibelclouds:
Für die Wortwolken der Evangelien wurde ein zusätzlicher Bear-
beitungsschritt eingefügt, da die Texte (und damit auch die unbear-
beiteten Wortwolken selbst) aufgrund der übereinstimmenden

Thematik (das Leben, Sterben und die Auferstehung Jesu) und der gemeinsam genutzten Quellen eine große Ähnlichkeit aufweisen. Daher wurden zunächst einige Begriffe, die in allen vier Evangelien ungefähr gleich häufig vorkommen, herausgefiltert und im mittleren Teil der entsprechenden Wortwolken einheitlich dargestellt. Außerdem wurde der Platz für diesen einheitlichen Teil der Wortwolken auf ein Drittel der Grafik beschränkt, obwohl rein rechnerisch ungefähr zwei Drittel zur Verfügung stehen müssten. Dadurch kommen die Besonderheiten der einzelnen Evangelien stärker zum Vorschein.

Und dann gibt es noch eine Kleinigkeit: Als Ingenieur arbeite ich nicht nur gerne systematisch, sondern habe mir auch eine gewisse Faulheit angewöhnt und lasse gerne den Computer die „Drecksarbeit" machen. Darum geschieht das alles automatisch – sozusagen auf Knopfdruck - und dauert ca. 30 Minuten.

Im Ergebnis hat man dann 66 aufeinander abgestimmte Bibelclouds, die den Leser dazu anregen wollen, sich einmal näher mit dem einen oder anderen Buch zu beschäftigen. Die Bibelclouds lassen sich aber auch sehr gut in der Gruppe einsetzen. Das gemeinsame Sortieren (z. B. nach AT und NT) ist dabei ebenso spannend wie das Beschäftigen mit einzelnen Begriffen aus den Bibelclouds. Die genauere Betrachtung einzelner fertiger Bibelclouds kann genauso hilfreich sein wie das Erstellen eigener Wortwolken.

Im Internet gibt es weitere Informationen zum Einsatz der Bibelclouds (www.bibelclouds.de/praxisleitfaden) und auch detaillierte Informationen zur Entstehung (www.bibelclouds.de/entstehung). Außerdem beinhaltet das Heft „anKnüpfen update 2.1" (www.anknuepfen.de/update2-1.html) gut ausgearbeitete und erprobte Methoden zum Einsatz von Bibelclouds mit Jugendlichen.

Am Anfang und Ende dieses Buches befinden sich zusätzlich noch sogenannte „Bonusclouds". Die Vorgehensweise war hier etwas anders: Es wurde gezielt nach speziellen Begriffen in der Bibel gesucht, z. B. Personennamen, Berufe oder Gefühle.

Wenn du Fragen hast oder eigene Erfahrungen und Anregungen weitergeben willst, kannst du gern mit uns in Kontakt treten, z. B. auf facebook.de/bibelclouds oder klassisch per E-Mail.

Gute Erfahrungen beim Lesen wünschen dir

Dein Martin Wolters, martin@bibelclouds.de
Dein Thomas Ebinger, thomas@bibelclouds.de

Herausgeber

Martin Wolters, Autor des 2012 beim Patmos Verlag erschienenen Buches „Bibelclouds. Die Bibel anders sehen" und Ingenieur, Nürnberg

Thomas Ebinger, Dr. theol., Pfarrer und Dozent für Konfirmandenarbeit im Pädagogisch-Theologischen Zentrum Stuttgart/Württemberg

AutorInnen

Jennifer Berger, Studentin der Evangelischen Theologie, Tübingen und Rundfunksprecherin bei „kreuz&quer" (SWR-Jugendsender DAS DING)

Lukas Golder, Student der Evangelischen Theologie, Tübingen und Rundfunksprecher bei „kreuz&quer" (SWR-Jugendsender DAS DING)

Stefan Hermann, Pfarrer und Leiter des Pädagogisch-Theologischen Zentrums Stuttgart/Württemberg

Daniela Kisser, Studentin der Evangelischen Theologie, Tübingen und Rundfunksprecherin bei „kreuz&quer" (SWR-Jugendsender DAS DING)

Thorsten Kisser, Student der Evangelischen Theologie, Tübingen und Rundfunksprecher bei „kreuz&quer" (SWR-Jugendsender DAS DING)

Philipp Kohler, Student der Evangelischen Theologie, Tübingen und Rundfunksprecher bei „kreuz&quer" (SWR-Jugendsender DAS DING)

Herbert Kolb, Pfarrer, Referent für Konfirmationsarbeit am Religionspädagogischen Zentrum Heilsbronn/Bayern

Jonas Nau, Student der Evangelischen Theologie, Tübingen und Rundfunksprecher bei „kreuz&quer" (SWR-Jugendsender DAS DING)

Eberhard Reinmuth, Bezirksjugendreferent Sinsheim

Sönke von Stemm, Dr. theol., Pfarrer, Dozent für Konfirmandenarbeit am Religionspädagogischen Institut Loccum/Hannover

Liane Wrobel, Pfarrerin und Religionslehrerin, Offenburg